DAS HOHE ZIEL DER ERKENNTNIS

Vorwort(Wikipedia):

Helene Böhlau war die Tochter des Weimarer Verlagsbuchhändlers Hermann Böhlau und dessen Frau Therese geb. Thon. Sie genoss eine sorgfältige Privaterziehung. Ab 1882 veröffentlichte sie Novellen und Romane. 1886 heiratete sie den Architekten und Privatgelehrten Friedrich Arnd, der, um sie heiraten zu können, zum Islam übertrat und sich von da an Omar al Raschid Bey nannte. Helene Böhlau veröffentlichte weiterhin unter ihrem Geburtsnamen, manchmal mit dem Zusatz "Frau al Raschid Bey". Das Ehepaar lebte ein Jahr lang in Konstantinopel, dann in München. Nach dem Tod des Ehemannes 1911 wohnte Helene Böhlau in Ingolstadt, München, Widdersberg und Augsburg. Ihr Sohn bildete 1915 als ca. 25-jähriger Gefreiter in München Rekruten aus, darunter Victor Klemperer.

Leistungen

Das Werk Helene Böhlaus umfasst sowohl ambitionierte Kunst- als auch Gebrauchsliteratur. Ihre frühen, vom Naturalismus beeinflussten feministischen Romane "Der Rangierbahnhof" (1896), "Das Recht der Mutter" (1896) und "Halbtier!" (1899) wurden von den Zeitgenossen beachtet und insgesamt positiv rezensiert (wenn auch gelegentlich ein Zug ins 'zu' Genialische, Absonderliche moniert wurde). Einem größeren Publikum war Helene Böhlau vor allem bekannt als Autorin der "Ratsmädelgeschichten" (1888; weitere Bände 1897, 1905 und 1923) und diverser "Altweimarischer Geschichten" (1897ff.).

DAS HOHE ZIEL DER ERKENNTNIS
ARANADA UPANISHAD

VON

OMAR AL RASCHID BEY

HERAUSGEGEBEN VON
HELENE BOEHLAU AL RASCHID BEY

1912

DAS HOHE ZIEL DER ERKENNTNIS

Alphabetische Zusammenstellung der in den
Text unuebersetzt
aufgenommenen Sanskritworte.

Seite 2

adhyaya, Lehrabschnitt

akasha, Erscheinung. Grundbedeutung der
Wurzel kash (kas, kac),
Licht, Schein; in Ableitungen und
Zusammensetzungen: erschauen,
sichtbar werden, zutage treten, erscheinen.
* Derselbe Laut in derselben Bedeutung ist
auch in slawischen Sprachen
erhalten (russisch: -------). Hierzu wolle
man die philosophisch tiefe
Bedeutung des Wortes 'er-Schein-ung' in
Betracht ziehen, wie solche
sich in weit auseinander liegenden
Sprachstaemmen vorfindet: '-------'
(swjet) russisch, bedeuted gleichzeitig Welt
und Lichtschein;
ungarisch: 'villag' Licht, Schein und Welt;
japanisch; 'atsutsuyo'
Schein und Welt etymologisch: erwachtes
Leben). *
Danach waere akasha 'Welterscheinung'. Zu
dieser Grundbedeutung kommt
aber noch die weitere: 'Raumzeitlichkeit'
hinzu. Diese ist in der
vedischen Literatur in einer Reihe von
Stellen nachweisbar, welche
Stellen erst durch solche Duplizitaet der
Bedeutung volle Klarheit
erlangen; siehe vor allem
Brihad-aranyaka-upanishad 3,8 und die
Ausfuehrungen im Oupnek'hat; dort spricht es
Yadschnavalkya mit
deutlichen Worten aus, dass akasha 'Raum und
Zeit' bedeute und maya,
das heisst 'Schein' sei.
* Im Gegensatz zu raum-zeitlicher
Welt-Erscheinung wird das Wesen der
Welt als 'anakasham raumzeitlos' bezeichnet.
Dazu hat sich die gleiche

Al Raschid- Das hohe Ziel der Erkenntnis.txt
Doppelbedeutung des Wortes auch im Pali
erhalten: 'avakaso' gekuerzt:
'okaso' bezeichnet Raum und Zeit zugleich;
'okasam karoti' heisst Platz
schaffen, Zeit und Raum finden. (An das
Heraklitische: 'Urkoerper ist
die Zeit' sei hier erinnert.)--So viel an
dieser Stelle um die
Wiedergabe des Sanskritwortes akasha auf
dessen Grundbedeutung
gestuetzt, nicht wie bisher ueblich durch
Weltraum oder AEther, wohl aber
durch 'Erscheinung'--zeitraeumlicher
Welterscheinung Urbestand,
sub-stantia, zu rechtfertigen; vergleiche
Nrisimhapurvatapaniyaupanishad 3: "darum soll
man akasha als den
'Weltkeim' wissen".*

aranada waere etwa durch 'Sturmesausklang'
wiederzugeben.

ashma hat die doppelte Bedeutung: Hammer und
Ambos.

asmita, Ich-bin-heit. "Die Ichheit wird ein
Wahn genannt, der uns an
ein eigenes Sein glauben laesst" Sankhya
Karika 24, 25.

atma, Seele, etymol. Atem; das der Welt zu
Grunde liegende Wesen:
brahma in der Erscheinung.--Die uebliche
UEbersetzung: 'das Selbst'
ist zu verwerfen solange das Wort
'Selbstsucht' im ethisch
entgegengesetzten Sinne verwendet wird.

Bhagavat-gita, das Hohelied der Gottheit,
Episode aus dem
Mahabharasu-Bhagavadgitopanihad, die vom
Erhabenen verkuendete

Al Raschid- Das hohe Ziel der Erkenntnis.txt
Geheimlehre.

bodhisattva, der Erwacht-erkennende.

brahma, das dem Weltall zu Grunde liegende
Wesen--Gottheit.

Brahma, der Gott Brahma, das exoterisch zum
Zwecke der Verehrung
persoenlich aufgefasste brahma.--Der Tag
Brahma = Evolution der
Erscheinungswelt.

Buddha, etymol. der Erwachte.

buddhi, Erkenntnis; etymol. das Erwachen.

dvandva, Paarzustaende, Gegensaetze.

dvandva vidya, die Lehre vom Gegensinn in
der Erscheinung.

gita, das Lied; siehe Bhagavadgita.

himavat, Heimat des Schnees, aeltere Form
fuer Himalaya.

gita, das Lied; siehe Bhagavadgita.

himavat, Heimat des Schnees, aeltere Form
fuer Himalaya.

ishvara, der Herr, Gott.

kama, Liebe, Trieb, Begierde (griechisch:
--------). Die in der Upanishad
festgehaltene Verdeutschung durch 'Verlangen'
rechtfertigt sich durch die
vielsagende Bedeutung des deutschen Wortes,
welches eine
Unzulaenglichkeit und aus dieser ein 'Langen'
nach 'nicht-langen' ein

Al Raschid- Das hohe Ziel der Erkenntnis.txt
'daneben-langen' und daraus wieder ein
'etwas-zu-sich- haben-wollen'
--Verlangen nach Ergaenzung.

karma, Tat und Taterfolg, Werk,
Wirklichkeit; Gesetz der
Wiedervergeltung, ausgleichende goettliche
Gerechtigkeit.

mahatma, Grossbeseelter, etymol. Macht-Atem.

Maya, das Blendwerk der empirischen
Realitaet; maya = durch mich, also
'maya maya' = durch mich, mit mir ist Maya!

manas, Verstand, Urteil.

nirvana, Seligkeit, erloschenes Verlangen.

om, feierliche Bejahung, erfurchtsvolle
Anerkennung; geistige
Vertiefung anstrebender, Heiliger Ausruf,
mystische, das All
umfassende Silbe.

Pradschapati, mythologische Personifikation
der Schoepferkraft.

rishi, koeniglicher Weiser, Seher.

samsara im Gegensinn zu nirvana: Kreislauf
der Erscheinungswelt, das
sinnliche Da-sein.

savitar, der Erreger: die Sonne.

upanishad, Geheimlehre, philosophischer
Hoehepunkt der Veden,
esoterische Erkenntnis.

Yavana, Jonier; gemeint ist Aristoteles.

der Veda, Sammlung indischer heilig
erachteter Schriften; das
theo-sophische Wissen--Gottes-Weisheit.

* die mit Sternchen markierten Abschnitte bei
der Erklaerung des
Sanskritwortes akasha sind der 2. Auflage von
1917 entnommen. Es
handelt sich hierbei um zusaetzliche
Begriffserklaerungen des Wortes.
Ansonsten ist die 2. Auflage identisch mit
der ersten von 1912. (Anm.
F.R.)

UEbersicht des Inhalts der Upanishad.

I. Einleitung.--Der Menschheit irdische
Ziele.
Pruefung des aufzunehmenden Schuelers. Das
Leid der Welt; Frage aller
Fragen. Ungeloeste Widersprueche. Der Weg zur
Erkenntnis.

II. Ursprung. Erscheinung. Verkoerperung der
Welt--akasha
Zeitraeumliches Dasein der Welt. Raum ist
nicht in sich. Zeit ist nicht
in sich. Raum und Zeit sind eins.
Zeitraeumliche Verkoerperung ist im
Ich.

III. Aus Ursprung der Welt: Verlangen--kama
Weltschoepferische Kraft des Verlangens.
Wille im Ich ist Zeit; Unwille
im Ich ist Raum. Ich-entzweiung: raeumlich
entgegenstehendes Verlangen;
Ich-zwiespalt: zeitlich wechselndes
Verlangen. Verlangen ist nicht in
sich; Verlangen ist im Ich.

IV. Aus Verlangen: Tat. Wirklichkeit der
Welt--karma
Ursache und Wirkung. Freiheit und
Notwendigkeit. Tat und Duldung. Lust
und Leid. Kein Gesetz dem Wissenden. Das
Trinken der Vergeltung.
Ausgleichende Gerechtigkeit der Gottheit.
Alles Grauen dieser Welt
ruht auf Lust. Alle Wirklichkeit dieser Welt
ist im Ich.

V. Aus Tat: Verstand und Urteil--manas
Urteil widerspricht sich im Raum; Urteil
wechselt in der Zeit; Urteil
hebt sich in sich selbst auf. Urteil ist
nicht in sich. Urteil ist
Willensausdruck. Es gibt kein Urteil--Urteil
ist Ich.

VI. Durch Erkenntnis: Erwachen aus der
Erscheinung--buddhi
Das Verlangen der Welten.
Sinnes-wahr-nehmung, Maya. Neigung.
Empfindung und Bewegung. Seele und
Verkoerperung. Das verlangende Ich
ist Weltschoepfer. Die Welt denkt nur Einen
Gedanken. Das
weltschaffende Wort. Das Problem der
Vielheit. Die letzte
Ent-taeuschung. Ich-lose Erkenntnis.
dvandva-vidya, die Lehre von der
sich selbst aufhebenden Welt. Seiend nicht
seiende Welten. Traum und
Wirklichkeit sind wesenseins. Das
Durchschauen der Welt; Bekehrung;
unio mystika. Vollendung in
Gottheit--nirvana.

VORWORT

Er, der dieses Werk geschrieben, ist gestorben vor der Herausgabe.
Weil sein Werk der Niederschlag eines ganzen Lebens war, konnte es
auch nicht beendet werden, bis dies Leben erfuellt wurde.
Das Titelblatt, worauf ich in der Eigenschaft als Herausgeber
genannt bin, fand sich im Manuskipt so entworfen vor, wie es hier
gedruckt ist. Es war schon vorbereitet in einer Zeit, als der Tod gar
nicht nahe war. Andere sollten aussaaen, was in seiner Seele gereift
war.
Dass mir die Aufgabe zufiel, ist selbstverstaendlich. Seine Lehre
war Inhalt meines Lebens geworden. Ich hatte ihre helfenden und
gestaltenden Kraefte an mir lebendig gefuehlt.
Wie von einem Strom ist meine Seele von diesem Werke getragen
worden, aus Einheit durch die Vielheit der Erscheinungswelt mit ihrem
Heimatsverlangen, wieder zurueck zur Einheit.
In diesem Werke heisst es: Aus einer Quelle fliesst: sich eines
Andern Seele naehern, sich von eines Andern Koerper naehren.
Darueber ist gesagt: "Aus Verlangen und Naehrung hat Brahma diese
Welt gebildet." "Darum lebt alles dieser Welt durch Naehrung, durch
einver-Leibung, durch an-Eignung; darum lebt alles Ich durch ein
anderes und lebt kein Ich ohne nicht-Ich, und lebt alles Ich durch
nicht-Ich, seelisch und sinnlich.
Also beschraenkt sucht Ich

Al Raschid- Das hohe Ziel der Erkenntnis.txt
Unbeschraenktheit, also unvollstaendig
sucht Ich Vollstaendigkeit, also unvollkommen
sucht Ich Vollkommenheit,
also verstossen, sucht Ich nach dem
verlorenen Paradiese, also einsam
schreit Ich um Hilfe--es verlangt nach
Allumfassen, nach
All-einheit, nach Vollendung,--nach Nirvana."
    Tief wurde meine Seele von den Bildern
des Verlangens dieser Welt
bewegt. Zu hoechstem Einklang sah ich das
irrende gequaelte Verlangen,
dieser in Qual und Lust erbebenden
Erschein-ungswelt sich vor meinen
Augen verwandeln. Eine Erloesung
sondergleichen, von der Natur selbst
vollzogen. Trost und Ruhe stieg aus diesem
Weke auf. Kein Wort traf
meine Seele, das uebersinnlich zu werden
trachtete, aber ein gewaltiger
Strom nahm die heimatlose Seele auf und trug
sie unaufhaltsam einem
unaussprechlichen Ziele zu, vor dem jeder
Gedanke und jedes Wort
umkehrt.
    Mir schien dieses Werk wie eine Heimat
und Zuflucht derer, die
sich scheuen vor jedem Wort und jedem Bild,
das sich ihrer
Heimatssehnsucht erbarmen moechte.
    Mit Naturnotwendigkeit fuehlte ich mich
ueber das unstillbare
Verlangen dieser Welt hinauswachsen, ohne
Weltflucht--durch
Weltvertiefung, durch Versenken in die Welt
der Erscheinung und des
Verlangens. "Anziehung und Abstossung ist
Verlangen, bruenstige Wuensche
--inbruenstiges Gebet--Liebe wie Hass.
Niederste Gier ist Verlangen
nach dem Hoechsten."
    Nichts ist zu niedrig, um nicht das

Hoechste zu bergen! Welch
erbarmungsvoller Gedanke!--Von diesem
Standpunkt aus--eine
Heiligung sondergleichen der ganzen Natur.
Ihre Geheimnisse und
Schrecken, wandeln sich in uns zum Hoechsten,
wir brauchen der Natur
nicht zu entfliehen; wir sind geborgen. Die
Welt--zu Ende gedacht--
ist Erloesung.

Das ist der Standpunkt, von dem es mir
moeglich war, alles, was
diese Lehre mir bot, zu erfassen.

Und wenn ich mich frage: Was hat dem
Werke, vordem es in die Welt
geht, so viel Macht gegeben auf jene
Menschen, die ihm bereits nahe
traten, so mag es wohl dies sein, auf das ich
hier hindeute, und was
einer der teuren Freunde, die mit dem Werke
lebten, aussprach: "Es
wurde eine Heimat, ein Ruheplatz, wohin ich
stets zurueckkehren werde,
wo ich mich hingehoerig empfinde, es wurde
mir ein ureigenster Besitz."

Auch die Einheit dieses Werkes ist auf
dem schweren Weg durch die
Vielheit entstanden. Seine Kuerze ist die Tat
langer Jahre eines Lebens.
Ich kenne den weiten Weg, ich durfte ihn
mitgehen, der zurueckgelegt
werden musste, um solches Ineinandergreifen
aller Teile zu schaffen, um
solche einheitliche Zusammenfassung aus dem
Ganzen herauswachsen zu
lassen. Ich erlebte es mit, welch starke
Verbindung schaerfster
Verstandestaetigkeit mit den Kraeften
seelischen Schauens dazu gehoert,
um die schwierigsten Gedankengaenge und ihre
anfaenglich unmoeglich
erscheinenden Ergebnisse zu solcher

Einfachheit der Vorstellung, zu
solcher Selbstverstaendlichkeit des Ausdrucks
auszugestalten.

Es war ein langsames Schaffen; aber ein
sicheres Wachsen, immer
aus dem Lebenszentrum, dem Ich-Punkt heraus.
So entsteht ein
Naturgebilde.

Alles von der Natur Geschaffene stellt
sich uns mit so sicherer
Selbstverstaendlichkeit dar, dass wir nur
schwer dazu gelangen, seine
Bedingtheit aus unendlicher Zusammensetzung
zu begreifen.

Alles Vereinheitlichte und darum Einfache
ist schwer zu ergruenden.
Das gilt auch fuer diese Schrift: sie lesen
zu koennen--das ist eines
schwere Kunst und Wenige werden sich dazu
hinringen.

Paracelsus sagt:
"Was unmoeglich gesagt wird, was
unverhofflich und gar verzweiflich
ist, wird wunderlich wahr werden und soll
sich niemand verwundern ueber
den kurzen Weg und kurzen Begriff, denn das
Viele ist die Quelle von
vielem Irrtum."

Wir lernten "das sich dazu hinringen"
durch ihn selbst. Er war uns
der Pfoertner, der uns das schwere Tor
auftat.

Durch ihn empfanden wir, wie wenig alle
Worte sagen, selbst seine
Worte, die nicht mehr nur Worte der Sprache
sind, die zu tiefen
Bildern fast unsagbarer Dinge wachsen.

An der Bildung der Worte, der Enstehung
der Sprache, waren, wie
bei allem Schaffen, die hoechsten Ahnungen
lebendig mit am Werke.

Diese urspruenglichen Ahnungen tiefster

Al Raschid- Das hohe Ziel der Erkenntnis.txt
Wahrheiten scheinen
gleichsam durch die viel gebrauchten Worte
hindurch, wachen wieder
auf, sprechen sich im Worte selber wieder
aus, sobald die Sprache
schoepferisch behandelt wird.

Die kuehnste Anwendung der Sprache deckt
sich hier mit ihrem
urpruenglich einfachsten Sinn.

Es ist, als ob nicht ein einzelner Mensch
spraeche, sondern als ob
der Geist der Sprache sein Wissen von sich
selbst offenbarte.

Der, der diese tief lebendige, wissende
Sprache sprach, ging den
Weg seines Werkes. "Wortlos das Letzte" ist
dort das Schlusswort. Er
hat auch davon uns noch ein Stueck erfassen
lassen durch seinen grossen
Tod. In Schweigen versank die Sinnenwelt, das
unaussprechliche
leuchtete auf, das gesucht, in sich und in
allen Dingen, lebenslang;
verklaert fuehlte er es nahen.

Dieses Buch ist seine Wegspur
dorthin.--Zu Ende der Weg;
erreicht das Ziel;--wortlos das letzte.

Fuer mich ist es eine Notwendigkeit,
ebenso gewollt wie schmerzlich
und doch freudig, den innig behueteten
Besitz, der bisher nur still und
verehrt Nahestehenden dargeboten wurde,
oeffentlich hinauswirken zu
lassen in die grosse, dieser Lehre so fremde
Welt, damit sie die
Wenigen finde, denen sie ihre Leuchtkraft
mitteilen soll, die ein
inneres Recht auf sie haben.

Solche wird sie finden; ich weiss es,
weil nicht ich allein die
heilsame Klaerung im Wirrsal des Lebens
daraus empfing. Ein Kreis von

Al Raschid- Das hohe Ziel der Erkenntnis.txt
Schuelern und Verehrern hatte sich langsam um
den zurueckgezogenen
Denker versammelt.

Es lag mir nahe, Ausspruche der kleinen
Gemeinde dem Werke
mitzugeben, eine waermende Huelle von Liebe,
die sich bereits darum
gebildet hatte;--scheint doch dies Werk auf
den ersten Eindruck dem
gegenwaertigen Leben so fern, als sei es aus
dem Weltenraum auf die
Erde gefallen; denn was aus Sehnsuchtsglut,
die nie am Vergaenglichen
Genuegen fand, geboren wurde, ist wie von der
Unendlichkeit, die fuer
uns nicht irdische Lebenwaerme birgt,
angehaucht.--Ich tat es nicht
und gab ihm nur meine grosse Liebe mit, die
ihm durch ein Leben
gehoerte.

Helene Boehlau al Raschid Bey.

DAS HOHEZIEL DER ERKENNTNIS
-- aranada-upanishad --

I.
IRDISCHE ZIELE
-- samsara --

So lautet die Upanishad:
om!
Auf das Geheiss des Verehrungswuerdigen!
Diese Unterweisung

Al Raschid- Das hohe Ziel der Erkenntnis.txt
niedergeschrieben zu Stambul, im indischen
Kloster auf Akssarai,
begonnen am fuenfzehnten Tag des Monats rebi
uel evel im Jahre
dreizehnhundertundvier.

*

    Der Verehrungswuerdige spricht:
    "Frieden sei aller Erscheinung!"
    "Du hast, o Teurer, deinen Wissensweg
fern von uns gesucht; hast
du, im Abendlande belehrt, des Wissens
Ziel--: 'Befriedigung'
erreicht? Welches Begehren fuehrt dich
hierher?"
    --"Verehrungswuerdiger..."--
    "Suchst du weitere Gelehrsamkeit oder
verlangt dich, aus
Nichtigkeit hinaus, nach letzter
Erkenntnis?--Erfasse es wohl! denn
unermesslich ist, in allen Ewigkeiten und
Unendlichkeiten unermesslich,
was du--erkennend--erringst."
    --"Verehrungswuerdiger! Ein Schueler steht
vor dir, das Holz zum
Opfer in der Hand..."--
    "Nun wohl!... Was von grossen Fragen
bewegt dich?"
    --"Das Leid auf Erden, o Herr! Die
Unabwendbarkeit des
Verderbens, das Grauen und die Qualen der
Geschoepfe--Woher ist der
Ursprung des UEbels in unserer Welt?"--
    "Ursprung des UEbels? Hast du, o Teurer,
was du so nennst, wohl
erfasst und vermoechtest mit klaren Worten zu
antworten?"
    --"Keine Antwort, Verehrungswuerdiger!"--
    "Hat dich, o Teurer, dein Lehrer ueber
den Sinn der Fragebelehrt?"
    --"Verlangend war ich, o Herr..."--

Al Raschid- Das hohe Ziel der Erkenntnis.txt

"So hast du im Abendlande Wissen
hierueber nicht erlangt?--Wer
von Lehrern dort gibt Antwort--letzte
Erkenntnis, unwiderleglich?"

--"Unzureichend, Verehrungswuerdiger, ist
alle menschliche
Vernunft! der Widersinn der Welt ist
unueberwindlich"--

"Dem ist nicht also, o Sohn!--Eines
nur,--nur Eines... ist
unerkennbar..."

--"Verehrung sei dir, o Herr! Wie koennte
sich selbst
Widersprechendes bestehn? Wie koennte
Unerreichbares dem Wissen
erreichbar werden?--Fliesst UEbel und Boeses
aus der Gottheit, so ist
es von der Gottheit gewollt. Will Gottheit
Boeses, so ist Gottheit
boese. Waechst aber das Boese nicht aus der
Gottheit, so ist es von der
Gottheit nicht gewollt und ist dennoch,--so
ist Gottheit in sich
entzweit--zwei Gottheiten, die sich
bekaempfen, widersprechen,
aufheben.--Der Widersinn ist unloeslich"--

"Dem ist nicht also, o Teurer!"

--"O Herr! Woher ist UEbel und Boeses in
der Welt? Warum ist Leiden
und Tod? Wenn es eine Antwort auf diese
Fragen gaebe, so wuerden die
Wissenden von ihrer Wahrheit erfuellt sein;
der Veda wuerde sie uns
lehren, die Gita, Yadschnavalkya, der Buddha,
Badarayana,
Shamkaratscharya, Lao-tse, Li-tse, die
grossen Lehrer des
Abendlandes..."--

"Dennoch ist es nicht also, o Teurer!
dennoch ist es nicht also!"

--"Diese Fragen sind ungeloestes
Geheimnis; es gibt uns Menschen

Al Raschid- Das hohe Ziel der Erkenntnis.txt
keine Antwort! Dies entgegne ich dir in
Ehrfurcht, o Herr! Wenn aber
dem nicht so ist, so wolle der Erleuchtete
mich hierueber wahrhaft
belehren."--
     "Eines--o Teurer, ist unerkennbar--nur
Eines!--und Schweigen
ist Antwort... Diese deine Fragen jedoch sind
durchsichtig, tragen die
Antwort in sich."
     --"Wuerdige mich der Belehrung, o Herr!"--
     "Nahe liegt die Antwort, leicht ist die
Antwort auszusprechen, mit
wenigen Worten ist die Antwort
auszusprechen--weit der Weg, muehevoll
der Weg zu Erkenntnis..."
     --"Weise mir den Weg, o Maechtiger! Lass
die Erkenntnis ueberstroemen
auf mich, deinen Schueler, der ich in Demut
deine Kniee umfasse!"--

     "Wohlan! Es sei! Tritt naeher, fasse
meine Hand; gebiete deinem
Herzen Ruhe und Ruhe den Gedanken."
     "Moege uns die Stunde guenstig sein!
Moege der Geist der Upanishaden
uns leuchten."

     "Fern von hier, in unsrer aller Heimat
ruht das Feuer unter der
Asche des Herdes; der Moerser toent nicht
mehr unter den Haenden
arbeitsfreudiger Maedchen; der Laerm des
Tages schweigt; aufgestiegen
zum wolkenlosen Himmel ist der Opferrauch und
 heilige Elefanten
kuenden die Nacht..."
     "Indessen von denen da draussen, die sich
Menschen nennen, der
eine, gedankenlos wie ein Tier, sich dem
Schlafe ueberlaesst und im
Traume weiter nach zerrinnenden Freuden

Al Raschid- Das hohe Ziel der Erkenntnis.txt
jagt,--indessen andere,
unfaehig sich der Betaeubung des Lebens zu
entreissen, nichtige Reden
fuehren, veraechtliche Kuenste anstaunen oder
uebersaettigt und nie
befriedigt in Weibesarmen ruhen,--ist uns die
Stunde gekommen, nach
dem Hohenziel des Menschen zu
forschen.--Wohlan, o Schueler,
wiederhole deine Frage!"

    --"Verehrung sei dir, o Fuerst! Ursprung
des Boesen, Ursprung von
Selbstsucht und Zwietracht, Ursprung des
Unheils dieser Welt, Quell
alles Leides; Quell alles Widersinnes, alles
Irrtums, aller Suende
dieser Welt, Frage aller Fragen, nie geloeste
Raetsel!--: Wie ist
sittliche Erkenntnis und Tat denkbar unter
Herrschaft blinder
Naturgesetze? Wie ist freie
Willensentscheidung des Menschen vereinbar
mit unabweisbarer Notwendigkeit alles
Geschehens? Wie ist der
Gegensatz zu ueberbruecken zwischen
Empfindung und Bewegung, Seele und
Koerper, Gott und Welt?--Ich nehme meine
Zuflucht zu dir, o maechtig
Beseelter! Weise mir den Weg ans Ufer der
Erkenntnis--mir, dem
Suchenden!"--

    "Wohlan!--Wisse dich aufgenommen, o
Schueler! Schichte das Holz
zum Opfer... Folge meinen Worten; schweigend
folge,--du betrittst
heiligen Weg. Folge mit offener Seele aus
leicht verstaendlichem Beginn
von Stufe zu Stufe festen Schrittes zum
letzten Ziele,--uns allen
bestimmt. Ich offenbare dir verhuellte
Wahrheit--uralt heiliges
Wissen--Upanishad."

*

   "O Teurer! Seit dem Tage Brahma stuermt
unser Wohnsitz, die Erde,
unaufhaltsam durch den Weltraum. Der
segenspendende, totbringende
Sonnenstrahl, mit jedem Augenblick rastlos
vorrueckend, weckt die
Scharen der Geschoepfe aus tiefem Schlaf zu
kurzem Tagesbewusstsein. Sie
erwachen unter dem Einfluss des Erregers
Savitar--und ihr erster
klarer Antrieb ist, sich Nahrung zu
verschaffen, um das Leben weiter
zu fristen. Alsbald halten sie Ausschau nach
einem schwaecheren
Genossen, um ihn zu beruecken und zu
fressen.--Sie selbst haben es
sich so ins Herz gelegt: andere zu
vernichten, um sich zu erhalten.
   "Zu solchem Ziele ist jede
Verschmitztheit, jede Frechheit, jede
List und Gewalt, jedes Unrecht erlaubt und
geboten, und belohnt sich
auf der Stelle. Jede Unentschlossenheit, jede
Abschwaechung des
straffen, zielbewussten Willens, etwa
aufkeimendes Mitleid, die
leiseste bessere Regung, raecht sich
unmittelbar: der Fang ist
vereitelt und Hunger die Strafe. Darum
Verdruss, wenn die Beute
entgeht, und Herzensfreude, wenn sie
roechelnd am Boden liegt.--Kein
andrer Ausweg: um zu leben--erbarmungslos
morden.--Einst wirst du
erkennen, aus welcher Tiefe solches fliesst.
   "So wird es ein gewohntes Handwerk, und
seit Menschengedenken von
Vater auf Sohn vererbt. Niemand weiss es
anders, jedermann uebt es

Al Raschid- Das hohe Ziel der Erkenntnis.txt
unbedenklich aus, haelt es lieb und wert,
eignet sich willig die
noetigen Kunstgriffe an und zieht dann, wohl
ausgeruestet, tagtaeglich
nach lockender Beute aus.

   "Sehr bald wird der Raubende den
Unterschied gewahr zwischen dem
leicht und dem schwer zu erlangenden Frass,
zwischen der sicheren und
der gefaehrlichen Jagd, zwischen der
wehrlosen und der wehrhaften
Beute, und er lobt das Eine und schilt das
Andere, betrachtet das Eine
mit Hass, das Andere mit Liebe, nur sich im
Auge. Was sich fressen
laesst, gefaellt ihm und er nennt es gut; was
sich nicht willig hergibt,
was widersteht, was gar ihn selber angreift,
missfaellt ihm und er nennt
es schlecht und boese. Fressend haelt er das
Tun fuer loeblich und recht,
doch selbst gefressen fuer unrecht und boese.

   "Er trifft sonach sorgfaeltige Auswahl
und vermeidet die Jagd auf
seinesgleichen, eingedenk, dass Solche Waffen
fuehren wie er selbst: der
Kampf ist gefaehrlich, der Erfolg nicht
sicher. Es ist geratener,
Schwaechere zu bekaempfen, dem gleich
Wehrhaften moeglichst aus dem Wege
zu gehen; es ist vorteilhafter, sich mit ihm
zu vertragen, gute
Nachbarschaft zu halten--Frieden und
Freundschaft, wenn solcher
Nachbar, von gleicher Gier nach gleichem Ziel
beseelt, zur Erlangung
des Frasses mitbehilflich ist.

   "Notgedrungen verbindet er sich mit
Gleichgesinnten, jagt und
raubt gemeinsam mit ihnen, achtet auch das
eingegangene Buendnis,
solange es ihm dienlich scheint. Bei guter

Gelegenheit jedoch kehrt er
sich gegen seinen Bundesgenossen, entwendet
dem UEberraschten die
Beute, wiederholt das bequeme Spiel so oft
als tunlich und knechtet
endlich den milderen oder minder schlauen
Gefaehrten dauernd zu seinem
Dienste.

"Sein boeses Tun traegt ihm gute
Fruechte. Durch Buendnis oder
Waffenstillstand nach aussen leidlich
gesichert, von Weib und Knecht im
Jagen unterstuetzt, gewinnt er Zeit zur
UEberlegung. Er beginnt an den
kommenden Tag zu denken und lernt allmaehlich
sich die Nahrung fuer den
Notfall zu sichern.

"Er gewoehnt sich sein Gebiet bedachtsam
abzujagen; er hegt und
erhaelt sich den Bestand nach Moeglichkeit
fuer die Zeiten des Mangels;
er schont das tragende Weibchen, sorgt fuer
den heranwachsenden Wurf
und zaehmt ihn, um ihn besser zur Hand zu
haben. Was er nun ehrlich
erworbenes Eigentum nennt, behuetet er
sorgsam und schuetzt es
entschlossen gegen hungernde Mitbewerber;
schuetzt seine Herden mit
Gefahr seines Lebens gegen fremde
Fresser--zum Frass fuer sich.

"So im Gefuehle gesicherter Nahrung
schaut er mit Befriedigung und
Wohlgefallen auf die anwachsende Herde und
liebt sie mit aufrichtiger
Liebe. Erbarmungsloser Raeuber und treuer
Hirte! Beides waechst aus
derselben Wurzel und wird nur mit anderen
Namen genannt--nur Worte,
blosse Lautverschiedenheit.

"Solchem Tun und Treiben haben sich seine
Glieder, seine Sinne,

sein Hirn, seine Denkungsweise angepasst, er hat seine Gewohnheiten,
seine Sitten, seine Gesetze darnach gebildet; er laesst sie sich nicht
abstreiten, ueberwacht sie eifrig, haelt, was er sein gutes Recht nennt,
unentwegt aufrecht und erachtet es fuer heilig.

"Das Rauben und Morden ist allmaehlich in fest gehandhabte und
streng eingehaltne Ordnung gebracht, und alle Welt fuegt sich freudig
dieser Ordnung. Was jedermann an sich selbst als grauenvoll empfindet,
wird dem Naechsten gelassen angetan. Es wird kaltbluetig und mit Musse
gemordet und in sanften Formen gefressen. Es ist nicht mehr das
sterbende Tier im letzten vergeblichen Widerstand, mit brechendem
Auge, stoehnend, blutuebergossen--nein, es sind gesittet zubereitete
Speisen und friedlich heitere Mahle. Es nimmt kein Vernuenftiger Anstoss
daran. Der Schmausende weiss sich von niederer Begierde frei, von
unantastbarer Redlichkeit, auf der Hoehe der Gesittung--und das Tier,
das sich Herr der Schoepfung fuehlt, nennt sich--Erkenntnis in ferner
Daemmerung--Mensch, und seine Mitgeschoepfe--Nutzvieh.

"Nutzvieh sind ihm auch seine Weiber; er hat sie gegen Mitbewerber
unter Muehen erkaempft und huetet sie nicht ohne Not. Er ueberwacht sie,
buerdet ihnen alle Muehen auf und missbraucht sie zu jedem Dienst; er
liebt sie, wie er seine Herden und seine Helfershelfer liebt. Er zankt
und spielt wieder, flaetscht die Zaehne und liebkost, schmeichelt und

Al Raschid- Das hohe Ziel der Erkenntnis.txt
laesst sich schmeicheln, liebt und verachtet,
je nach Lust.
     "Und das Weib fuehlt sich Mutter,--sie
gebiert und sieht im Kinde
sich selbst! Sie ueberschuettet den hilflosen
Wurf mit der Liebe zu sich
selbst, mit verschwenderischer, hingebender
Liebe--jederzeit bereit,
fuer ihr eigen Fleisch und Blut sich
aufzuopfern.
     "Der Erzeuger folgt zoegernd der Mutter:
pflegt, ueberwacht, erzieht
die Brut; lernt sie mit Gefahr seines Lebens
schuetzen--ja in freudig
aufgenommenem Kampfe vergisst er sich selbst
und opfert sich fuer sein
Kind. Was selbstlose Liebe heisst, ist auch
in ihm aufgegangen. Er hat
sich, gleich der Mutter, in einem von ihm
abgetrennten, einem fremden
Wesen--sich ausser sich--wiedererkannt; hat
sich geopfert, um sich
im Kinde zu erhalten--selbstlos aus
Selbstsucht.
     "Wie aus der Gier, sich bequemen Frass zu
sichern, Liebe zur Herde
floss, so fliesst aus starrer Selbstsucht:
--Aufopferung und
Selbstlosigkeit. Es ist dasselbe Tun und wird
nur mit einem anderen
Namen benannt. Selbstsucht, zu Ende gedacht,
ist Selbstlosigkeit.
     "Dies ist einfach und erklaerlich. Der du
mich hoerst, wiss' es: Dies
ist das Wunder aller Wunder,--ist Quell und
Ursprung, Geburt aller
Gottheit, aller Welten, Geburt aller
Welten--Vernichtung aller
Welten; Samsara--Nirvana.
     "Die Welt ist
Selbstsucht--Selbstlosigkeit unterliegt
allueberall

und siegt unablaessig; erlischt und flammt
auf, vergeht und waechst, ist
und ist nicht--Nirvana in Samsara.

"So, o Teurer, koennen wir Menschen
nachdenkend uns dieses
vorstellen.--

"Doch, wie ein Elefant, der den Stachel
des Fuehrers nicht fuehlt,
vom Wege abirrt und ueber das Ziel
hinauslaeuft,--so bin ich vom
Gedanken abgewichen und habe mehr gesagt, als
ich zunaechst sagen
wollte.

"Wie auch das Tun und Treiben der
Menschen erscheine, welch' hohe
Bezeichnung es auch fuehre, welch' heiligen
Namen es auch trage--in
diesem wirr verschlungenen Reigen ist nur Ein
Gedanke, nur Ein Ziel:
das Leben, das eigene Leben!--Ich! Ich, das
sich aus dem Fleisch und
Blut des Naechsten aufbaut,--ich, das von der
Vernichtung des Anderen
lebt...

"Folgst du meinen Worten, o Teurer?"
--"Mit ganzer Seele!--Du hast, o Herr, die
Entstehung
menschlicher Gefuehle dargelegt, den Wechsel
und Wandel der Gefuehle,
die Umkehr des Gedankens und die letzte
Grundlage alles menschlichen
Tuns!--Wolle der Verehrungswuerdige nunmehr
auslegen, wie in dem
Gesagten die Antwort auf unsere Fragen
liegt?"--

"Ich lehre es dich, o Teurer, du aber
verstehst mich nicht. Ich
habe es ausgesprochen, du aber hast es nicht
gehoert.

"Wohlan denn! Da ich zunaechst von der
Quelle redete, aus der alles
Tun fliesst, ist dir nicht, o Teurer, der

Al Raschid- Das hohe Ziel der Erkenntnis.txt
Gedanke aufgestiegen, dass es
naeher laege zu fragen, nicht wie das Boese,
wohl aber wie das Gute in
die Welt gekommen sei? Denn die Welt des
Samsara ist durch Entzweiung,
ganz im Banne des Zwiespalts, not- und
leiderfuellt, ganz im Banne
nimmer gestillten Verlangens, ganz im Banne
ewig friedloser Tat, allen
Qualen preisgegeben, preisgegeben dem Tode.
Wie in solcher Welt konnte
der Gedanke des Guten entstehen?
        "Indessen wie das Boese, oder wie das
Gute in die Welt gekommen
sei--beides sind muessige Fragen und die eine
nicht besonnener als die
andere.
"Leicht zu durchschauen sind die Fragen,
offen liegt die Antwort, nahe
Erkenntnis, weit der Weg.--Aus dem Dickicht
aberwitziger Torheit
will ich dir den Elefantensteg treten, dich
hinauszufuehren zu
sonnenklarer Einsicht.
    "Wie wenn Einer im pfadlosen Urwald
irrend, vergeblich den
rettenden Ausweg sucht und bei sinkender
Nacht, zu Tode erschoepft und
jedweder Hoffnung bar, sich zum Sterben zu
Boden wirft--und
erwacht am hellen Tage und erkennt die
Umgebung und sieht sich nahe
seiner Heimat--so erwachst du im Lichte der
Erkenntnis und siehst
dich nahe dem urewigen Ziel.
        "Ich fuehre dich aus blindem Wahn zu
Erkenntnis, aus Todesgrauen zu
Seeligkeit, aus Verlangen zu Erfuellung--und
leuchten moege uns das
Licht des Veda, das Licht des Veda!"

*

So lautet in Aranada-Upanishad die Pruefung; nunmehr die
Unterweisung: Akasha, dieser atmenden Welt
Erscheinung.

II.
VERKOERPERUNG DER WELT
-- akasha --

O Teurer! Zu dem, was ich dir zu sagen gedenke, behalte vor Augen:
Alle grosse Wahrheit ist gedacht, verkuendet alles grosse Wissen; uns
bleibt uralter Weisheit nachzuleben.
Beachte wohl: Erkenntnis offenbart sich wortlos; die Upanishad, um
gehoert zu werden, muss in Worten reden. Lass dein Verstaendnis nicht an
Worten haften; Worte sind Hindernis der Erkenntnis: denke und erfasse
ueber Worte hinaus.
Ehe wir zur Hoehe ansteigen, gehen wir im Tale den betretenen Pfad
--glaube nicht zu schauen, ehe du dich dem Gipfel naeherst. Waehne
nicht zu erkennen, ehe du den tief innersten Gedanken der Upanishad in
dich aufgenommen hast--: aller Welten Ziel: das Erwachen aus der
Erscheinung.

*

Also ist die erste Unterweisung:
   -- AKASHA --
dieser atmenden Welt zeitraeumliche Erscheinung.

Al Raschid- Das hohe Ziel der Erkenntnis.txt

Stelle dir vor, o Teurer, es umfasse die enge Klause, in der wir
weilen, die ganze Welt, und es sei kein empfindendes Wesen darin; was
waere auszusagen?

Nichts; ohne Empfindung kein Urteil. Du betrittst den Raum--und aus dem Nichts
schafft sich Erscheinung,
Bewegung und Gestaltung; Koerper, Eigenschaften, Kraefte, Wirkung,
Entfaltung, Leben in endloser Fuelle und endlosem Wechsel; aus deiner
Empfindung--die Welt.

Alsbald erscheint dir dieser Raum gross oder klein, hoch oder
niedrig, hell oder dunkel, heiss oder kuehl, schoen oder haesslich oder in
irgend einer Beziehung deinen Sinnen erwuenscht oder unerwuenscht, und
zwischen diesen Gegensaetzen alle Abstufung deiner Empfindung. Den
Boden, auf dem du stehst, fuehlst du unter dir, die Decke siehst du
ueber dir; die Pforte, durch die du eingetreten bist, ist hinter dir;
vor dir, weiten Ausblick gewaehrend, der offene Bogen; diese
geschlossene Wand hier ist zur Linken, jenes die rechte Seite des
Raumes.

Dies sind Bezeichnungen, Urteile, die unbestreitbar scheinen,--
dennoch, sobald jemand dir gegenueber tritt, behauptet er, die Seite,
die du mit rechts bezeichnest, sei die linke, und nennt die Wand, die
du links nennst, die rechte. Beider Urteile koennen nicht zutreffend
sein; sie widersprechen sich, sind Gegensaetze, die einander
ausschliessen, zu nichts aufheben.

Hier geschieht das Wunder, dass eines mit

Al Raschid- Das hohe Ziel der Erkenntnis.txt
einer bestimmten
Bezeichnung und gleichzeitig mit dem
Gegenteile dieser Bezeichnung
belegt wird. Wer von den Urteilenden hat
recht? Keiner--oder, wenn
du willst, beide. Die Wand ist beides: rechts
und links, also auch
keines von beiden, weder rechts noch links.

Keine Loesung, auch wenn etwa der
Gegenueberstehende zu dir
heruebertraete und nun, in gleicher Stellung
wie du, dir und deinem
Urteil beistimmte. Gesetzt, es traten noch
mehr zu dir, einsichtige
Maenner, gelehrte Brahmanen, solche, die sich
fuer Wissende halten, und
alle waren eines Urteils: die bezeichnete
Wand des Raumes sei die
rechte;--wenn von allen zahllosen Wesen seit
Zeitraeumen ohne Zahl
nie anders erkannt worden, wenn es ein ewiger
Glaubenssatz der
Menschheit waere und hiesse frevelhaft daran
zu ruehren--die Wand
bleibt, was sie wahrhaft ist, weder das eine
noch das andre, weder
rechts noch links.

Alle die, welche mit dir in der Benennung
der Wand uebereinstimmen,
stehen mit dir auf gleichem Stand, vertreten
deinen Standpunkt, sind
deine Standesgenossen, nichts mehr. Wechselst
du deinen Standort und
trittst dir selbst gegenueber, so
widersprichst du dem eigenen Urteil:
aus rechts ist links, aus links ist rechts
geworden.

Das Urteil ist in dir; an der Wand selbst
haftet nicht ein Hauch
von den Unterscheidungen rechts und links.
wie der Schatten eines
vorueberfliegenden Vogels am Boden nicht

Al Raschid- Das hohe Ziel der Erkenntnis.txt
haftet, so haftet nichts von
diesen Unterscheidungen an der Wand, in
keiner Gestalt, in keinem
Sinne, weder offen noch verborgen, weder hier
noch dort, weder heute
noch je.

*

   Dies, wovon ich dir rede, ist
selbstverstaendlich; folge mir
weiter.
   Stelle dir vor, o Teurer, der Raum, von
dem wir reden, sei
kreisfoermig gezimmert. Du duerftest nicht
mehr die ganze Wand, sondern
nur eine Stelle der Wand, eine einzige
koerperlose, nur in Gedanken zu
fassende Linie mit rechts oder links
bezeichnen, und diese Linie wuerde
bei jeder Bewegung von dir, vor oder
rueckwaerts schwankend, eine andere
Stelle der Wand treffen.
   Sodann: denkst du dir, dem Gedanken
weiter folgend, den Raum, von
dem wir reden, in den Hohlraum einer Kugel
verwandelt und dein Stand
sei im Mittelpunkte dieser Hohlkugel, so
trifft die Bezeichnung rechts
oder links je einen einzigen koerperlosen,
nur in Gedanken zu fassenden
Punkt, und jede leise Abweichung von diesem
einen Punkt spielt schon
in fremde Verhaeltnisse hinuber: vorn,
hinten, oben, unten. Jede deiner
Bewegungen, jeder Atemzug, jeder Herzschlag
laesst die Unterscheidungen
rechts und links durcheinanderschwirren wie
die Farben auf einer
Seifenblase, und du kannst, je nachdem du
dich wendest oder beugst,
willkuerlich jeden Punkt der Hohlkugel mit

gleichem Recht und mit
gleichem Unrecht mit rechts und mit links
bezeichnen.

Die Gegensaetze rechts und links haften
an dir, sie bewegen sich
mit dir, folgen dir, wenden sich mit dir; sie
stehen und gehen, sie
ent-stehen und ver-gehen mit dir. Rechts und
links ist da, wo du es
willkuerlich hinverlegst, ueberall--nirgends.

In deinem Herzen sind die
Auseinandertretungen, deine eigene
Schoepfung die Unterscheidung rechts und
links; du uebertraegst eigene
Schaffung--Eigenschaft--aus dir hinaus,
nichts mehr; an sich ist
kein rechts und kein links, einzeln nicht und
zusammengenommen nicht.
Die Urteile heben sich gegenseitig auf,
nichts bleibt--in dir allein
sind die Unterscheidungen.

Doch frage dich, o Teurer, wo bestuenden
in dir die
Unterscheidungen, wenn du dir vorstellst,
dass du dich in deinem
eigenen Koerper umzuwenden vermoechtest;
woran koennten die Merkmale
rechts und links in dir haften, wenn du dich
kugelfoermig gestaltet
vorstellst, oder wenn du dich formlos,
koerperlos denkst?

*

Und endlich--von unserer Klause hier ging
ich aus--stelle dir
vor, dieses hier sei die ganze Welt und
ausser dir kein empfindendes
Wesen darin
--und du selbst seist nicht--
--verschwunden sind die in Rede stehenden
Unterscheidungen,

Al Raschid- Das hohe Ziel der Erkenntnis.txt
ausgeloescht, in nichts gesunken; sind nicht
und waren nicht; Spiel
deiner Seele--wesenlose Erscheinung.
    Du hast erkannt:
    Die Vorstellungen rechts und links sind
nicht an sich, sind in
Gegensaetze zerfallene, an sich nichtige
Unterscheidungen in dir; von
scheinbarer Verschiedenheit--ununterschieden
an sich; von
scheinbarer Bedeutung--bedeutungslos an sich;
aus dir gewirkte
Wirklichkeit dieser Welt--nicht Wahrheit.
    Was von diesen Unterscheidungen--in dir
als Urteil,--ausser dir
als Eigenschaft des Gegenstandes erscheint,
ist nur Kennzeichnung
deines Standortes im Raum, dein zu-Stand zum
gegen-Stand, deine eigen
gewaehlte Haltung, dein beliebiges
Verhalten--dein Verhaeltnis zu den
Dingen im Raum; deine frei-willig
eingenommene Stellung--
vor-Stellung, will-kuerlich aus dir
geschaffen, Ausdruck deines
Willens, aus dir geboren, deine eigene
Schoepfung--du selbst.

*   *   *

    Und ferner desgleichen:
    Dem gefundenen Ergebnis in betreff der
gegenteiligen
Unterscheidungen rechts und links schliessen
sich unmittelbar und in
allen Stuecken an die gegenteiligen
Unterscheidungen vorn und hinten,
oben und unten.
    Beim ersten fluechtigen Hinschauen zwar
scheint es, als beharrten
die Urteile oben und unten auch unabhaengig
von dir und deiner

jeweiligen Stellung, als bliebe oben oben und
unten unten, welche Lage
du auch einnimmst. Stellst du dir aber vor,
dass jemand, auf der
Erdkugel stehend, mit erhobenem Arm den Ort
am Himmel bezeichnen
wollte, den er fuer oben haelt, und dicht
neben ihm stuende ein zweiter,
dasselbe tuend, so weichen die von ihnen als
oben bezeichneten Punkte
schon voneinander ab und in unendlicher
Entfernung stehen sie
unendlich weit auseinander.
   Truege nun jeder Fleck der Erdkugel
solche nach oben Weisende,
jeder von ihnen vermoechte nur sein Oben,
nicht das Oben zu weisen und
desgleichen jeder von ihnen nur sein Unten,
nicht das Unten, und das
Urteil eines jeden widerspraeche dem Urteil
aller uebrigen, und jeder
Punkt des Himmels truege mit gleichem Recht
und mit gleichem Unrecht
die Bezeichnung oben und die Bezeichnung
unten.
   In deinem Herzen sind die
Auseinandertretungen, deine eigene
Schoepfung die Unterscheidung: oben und
unten. Oben und unten ist da,
wo du es willkuerlich hinverlegst, oben und
unten ist das, was du
willkuerlich so nennst. Was hier oben ist,
ist dort unten; was jetzt
unten ist, ist dann oben; du wechselst deinen
Standort nach Gefallen
und deine Anschauung wechselt mit ihm: oben
ist unten, unten ist oben
--die Urteile heben sich durch Gegenurteil
auf, nichts bleibt.
   Ich sage dir nichts Neues, ich erinnere
dich nur.

Al Raschid- Das hohe Ziel der Erkenntnis.txt
    Und ferner desgleichen alle verwandten
Bezeichnungen, alle
Richtung, Mass, Begrenzung, Verhaeltnis
vorstellenden Urteile und alle
uebrigen auf Raum und Dinge im Raum
uebertragenen, wie rechts und links,
wie vorn und hinten, wie oben und unten, in
Gegenteile zerfallenden,
aus dir geschaffenen, ausser dir
erscheinenden, an sich nichtigen
Merkmale und Namen.
    Alles Mass ist in dir; alles Verhaeltnis,
Ausdruck deines
Verhaltens; aller Gegenstand in Beziehung zu
deinem Willen oder
Unwillen; aller Gegensinn in dir selbst.

*

    Raeumliche Vorstellungen und Urteile
erscheinen unsicher und
schwankend, sie greifen ineinander ueber,
verfliessen ineinander, jede
der Vorstellungen beginnt im Herzen der
andren--
    Die Wahrnehmungen erscheinen gepaart,
erscheinen eine die andre
bedingend, sind nur durch gegenseitige
Beziehung, sind nur durch
Gegensatz zueinander--
    Von getrennten Standorten aus
widersprechen sich die gegenteiligen
Unterscheidungen, verneinen einander, heben
einander zu nichts auf--
    Raeumliche Verhaeltnisse sind nicht an
sich, sind nur in dir,
entsprechen in dir deinem gegenwaertigen
Standort, deiner gegen-Wart;
wechselst du deinen Standort, so wechselt mit
deinem Gesichtspunkt
deine Anschauung, die Urteile widersprechen
sich auch in dir,

Al Raschid- Das hohe Ziel der Erkenntnis.txt
verneinen sich gegenseitig auch in dir, heben
sich auch in dir zu
nichts auf--
    Raeumliche Unterscheidung hat an sich,
hat in dir keine Geltung,
ist gleichgiltig, gleich ungiltig,
bedeutungslos, leer, nichtig--in
dir, an sich; Erscheinung--nicht Wahrheit.

    Du erwaegst: Raum an sich ist leer und
bestimmungslos, wie
vermoechten an leerem Raum raeumliche
Verhaeltnisse zu haften?
    Und du erkennst:
    Was dir in raeumlicher Anschauung als
Verschiedenheit erscheint,
ist willkuerliche, durch gegensaetzlichen
Standort in Gegensaetze
auseinanderspaltende, an sich nichtige
Unterscheidung in dir--aus
dir gewirkt, auf dich wirkend, Wirkung und
Wirklichkeit dieser Welt,
nicht Wahrheit.
Was von solchen Unterscheidungen--in dir als
Urteil--ausser dir als
Eigen-schaft der Dinge erscheint, ist
Ausfluss deiner Eigen-heit,
Abbild deiner selbst; ist dein Verhalten und
Verhaeltnis zu den Dingen,
dein Stand und ver-Stand, dein zu-Stand zum
gegen-Stand; Kennzeichnung
deiner Stellung zum gegen-staendlich
aufgefassten Gedanken--deine
vor-Stellung; ist Aus-legung deines
innen-Lebens, Ent-gegnung deines
Empfindens, sinnliche Ant-wort seelischer
Bewegung, wider-Schein der
von dir be-lieb-ten Wertung, Ausdruck deiner
frei-will-igen Teilnahme,
deiner will-kuer-lichen Auffassung, deiner
Wahl-verwandtschaft, deiner
wechselnden Neigung und Gesinnung, ist dein

Al Raschid- Das hohe Ziel der Erkenntnis.txt
Atem in Lust und Unlust,
in Liebe und Hass; ist Ausdruck deines
wechselnden Verlangens, deiner
Willkuer--Inhalt deiner Seele, aus dir
gezeugte UEber-zeugung, deine
eigene Schoepfung--du selbst.

    Solches hast du klar erkannt, daran halte
fest, unverbruechlich.
    --Eigengeschaffenes legen wir den Dingen
bei und nennen es der
Dinge Eigenschaften.--

*

    Ausgeloescht sind die Bedeutungen rechts
und links, vorne und
hinten, oben und unten, ausgeloescht alle
dazwischen liegenden und alle
verwandten, auf Raum bezueglichen, im Raum
verwobenen Verhaeltnisse:
alles innen und aussen, alles hier und dort,
alle Naehe und Ferne, alle
Weite und Enge, alle Groesse, alle Lage und
Richtung, Hoehe, Tiefe,
Breite, Laenge, alle Teilung, alle Grenzen,
alles Mass.
    Ausgeloescht alle auf Raum bezueglichen
Wahrnehmungen und
Anschauungen, alle seine Unterscheidungen,
alle seine Bestimmung,
Bezeichnung, Benennung; blosse Auffassung und
Wertung, nur
Unterstellung und Beilegung, nur Namen--an
sich nichts die
sogenannten raeumlichen Eigenschaften und
Merkmale--: Erscheinung,
nicht Wahrheit.
Ausgeloescht mit ausgeloeschten Merkmalen ist
der Raum selbst.--Kein
Raum ausser Ich, kein Raum im Ich, kein Raum
mit ausgeloeschtem Ich;

Al Raschid- Das hohe Ziel der Erkenntnis.txt
Ansicht, nicht Einsicht, Anschauung--nicht
Erkenntnis, eigen
geschaffenes Trugbild, auf blosser
Vorstellung beruhend, aus dir
gewirkte Wirklichkeit dieser Welt; nicht ist
Raum an sich--nicht ist
Raum Wesen und Wahrheit.
    Solches hast du klar erkannt, von solcher
Erkenntnis vermagst du
ferner nicht mehr abzuweichen... es sei denn,
dass du--ueber dieses
hinaus--zu tieferer Einsicht gelangst.
    Darum ist gesagt: "aus deiner Seele die
Erscheinung: Raum."
    --Es ist der Welt Atem, den du, als sei
er ausser dir, spuerst.--

*

    Und gewiss:
    Gegensatz und Zwillingspaar ist Raum und
Zeit;
wie kein rechts ohne links, kein oben ohne
unten, so kein Raum ohne
Zeit, keine Zeit ohne Raum.
    Wenn es in Wahrheit kein hier und kein
dort gibt, so gibt es auch
kein hin und kein her, kein auf und kein ab,
kein vor noch zurueck,
weder kommen noch gehen, weder steigen noch
fallen, kein heben, kein
senken, kein fluten, kein ebben, kein eilen,
kein zoegern, keinen
Stillstand, keinen Wechsel. Mit
ausgeloeschtem Raum ist Zeit
ausgeloescht; wie es keinen Raum an sich
gibt, so gibt es an sich keine
Zeit.
    Bei Erlaeuterung der Unterscheidung oben
und unten schien es
zunaechst, als bestuenden diese Erscheinungen
auch unabhaengig von dir;

Al Raschid- Das hohe Ziel der Erkenntnis.txt
beim ersten Hinschauen scheint es, als
bestuende Zeit an sich und
unabhaengig von dir. Doch wie die
Vorstellungen oben und unten beim
Durchschauen in Nichts versinken, so versinkt
die Einbildung Zeit
durch Erkenntnis in Nichts.

Wie dein Standort, den du im Raum
einnimmst, bestimmt, was du mit
den Worten oben oder unten, mit rechts oder
links bezeichnest, so
bestimmt dein Standort in der Zeit, dein
Bestand, deine Anwesenheit,
dein Da-sein, deine Gegen-wart, was du als
Vergangenheit und was du
als Zukunft unterscheidest, und wie jenen
Wahrnehmungen, so kommt auch
diesen keine Wahrheit zu.

Wie dein Standort im Raum die
willkuerliche Teilung eines Ganzen
bestimmt, ein von dir gewaehlter
Scheidepunkt, der dir das Recht zu
geben scheint, gegensaetzliche
Verschiedenheit zu schaffen, so schafft
dein Standort in der Zeit, dein Da-sein,
deine Gegen-wart
Unterscheidung in einem in sich
ungeschiedenen Ganzen und macht dich
in gegen-Teile unterscheiden was eines ist.

Zeit an sich ist leer und bestimmungslos;
wie vermoechte an leerer
Zeit zeitliche Bestimmung und Unterscheidung
zu haften?

Nur von dir aus gibt es ein rechts und
links, nur aus dir gewirkt
und auf dich wirkend ist ein oben und unten,
ein vorher und nachher,
nur in dir ist und ist wirkend, was du Zeit
nennst.

Vergangenheit scheint vorbei, Zukunft
scheint zu kommen; der Tag
scheint vorbei, die Nacht scheint zu kommen.

Al Raschid- Das hohe Ziel der Erkenntnis.txt
Verschieden wie Tag und
Nacht scheint Vergangenheit und Zukunft,
unvereinbar, ewig voneinander
getrennt. Seit dem Tage Brahma, o Teurer,
sind auf unserm Wohnsitz,
der Erde, die unterschiedenen Zeiten, die
vergangenen und die
kommenden, Tag und Nacht zu gleicher Zeit. Zu
ein- und derselben Zeit
ist Morgen und Abend, Mittag und Mitternacht
und jede Stunde des Tages
und der Nacht, ewig gleichzeitig, zu ein- und
derselben Zeit.
Ununterbrochen brennt auf der Erde Mittag,
ununterbrochen kuehlt
Mitternacht und alle verschiedene Zeit zur
selben Zeit.--Eines ist,
was getrennt erscheint. Der Tag, der
vergangen scheint, ist noch; die
Nacht, die zu kommen scheint, ist schon. Es
waehrt vergangene und
zukuenftige Zeit ununterbrochen--in dir sind
die Gegensaetze; jener
heilige Savitar, die Sonne strahlt ewigen
Tag.
     Und wie Sterne, vom Tage ueberleuchtet,
den Sinnen nicht
gegenwaertig sind, doch der Seele
gegenwaertig--so ist Vergangenheit
und Zukunft, von Gegenwart ueberleuchtet,
deinen Sinnen nicht
gegenwaertig, doch gegenwaertig deiner Seele.
     Vergangenheit war einst deine Gegenwart;
Zukunft wird einst deine
Gegenwart. Was Vergangenheit ist, war einst
deiner Gegenwart Zukunft;
was Zukunft ist, wird einst deiner Gegenwart
Vergangenheit--
Ich-Gegenwart beharrt in Vergangenheit und
Zukunft.
     Wie du, dich selber taeuschend, den Raum
vor dir vom Raume hinter

dir unterscheidest, so unterscheidest du,
dich selber taeuschend, Zeit
vor dir von Zeit nach dir. Wende dich in dir,
und Vergangenheit wird
Zukunft und Zukunft wird Vergangenheit. Dass
du die Zukunft schaust,
ist nicht wunderbarer, als dass du dich der
Vergangenheit erinnerst. Du
err-inne-rst dich der Zukunft, wie du dich
der Vergangenheit
erinnerst, und Zukunft und Vergangenheit ist
ewige Gegenwart.
Erinnerung ist Verklaerung, Beseeligung von
Raum und Zeit.
    Vergangenheit an sich ist nicht Zeit,
denn Vergangenheit war, ist
also nicht; ist nur Erinnerung an Zeit,
Denktaetigkeit, nichts mehr.
Zukunft an sich ist nicht Zeit, denn Zukunft
wird erst, ist also
nicht; ist nur Erwartung von Zeit, ein
Gedankenbild, nur in Beziehung
auf das, was wir Zeit nennen, nicht Zeit
selbst. H.B.
    Einen Hungrigen saettigt nicht die
Erinnerung an fruehere Saettigung
und nicht Hoffnung auf spaetere Saettigung;
weder Hoffnung auf Nahrung
noch Erinnerung an Nahrung ist Nahrung. Weder
Erinnerung an Zeit noch
Erwartung von Zeit ist Zeit. Wenn Zeit waere,
so koennte nur Gegenwart
Zeit sein. Gegenwart jedoch ist nur Standort
des Ich, nur Anwesenheit,
nur Gegenwaertigkeit des Ich, nur die Scheide
zwischen dem, was Ich
Vergangenheit und dem, was Ich Zukunft nennt:
eine nur in Gedanken zu
fassende Scheide, ohne Ausdehnung, nur ein
Beruehrungspunkt von
Gedanken und selbst nur Gedanke in
dir--Ich-gegen-wart, nichts mehr.

Al Raschid- Das hohe Ziel der Erkenntnis.txt
Keine Zeit vor deiner Gegenwart, keine Zeit
nach deiner Gegenwart,
keine Zeit ohne deine Gegenwart; deine
Gegenwart ist Zeitewigkeit.
    Wie Zeit je nach deiner Empfindung stille
steht oder flieht, wie
du in einheitlicher Zeit gute und schlechte
Zeiten unterscheidest, wie
du Erwartung und Erinnerung in dir schaffst,
so schaffst du Zeit in
dir.

*

    Du erkennst:
    Was dir als Vorgang in der Zeit, als
Beharren oder Wechsel, als
Dauer oder AEnderung erscheint, ist nicht an
sich, ist willkuerliche,
von deiner gegen-Wart aus in gegen-Teile
auseinanderspaltende, an sich
nichtige Unterscheidung in dir--
    Was von solchen Unterscheidungen--in dir
als zeitliches Urteil
--ausser dir als zeitliche Eigenschaft der
Dinge erscheint, ist Inhalt
deiner Seele, Ausdruck des Verlangens in dir,
Abbild deiner selbst;--
Kennzeichnung deiner gegen-Wart zum
gegen-Stand, Kennzeichnung deiner
Auffassung und Wertung, Wiedergabe deiner
wechselnden Gesinnung, dein
Atem in Lust und Unlust, willig-un-willige
Auffassung in dir, in dir
gezeugte ein-Bildung, deine eigene
Schoepfung--du selbst.--
    Keine Zeit vor dir, keine Zeit nach dir,
keine Zeit ohne dich.

    Solches hast du klar erkannt.
    --Eigen Geschaffenes legen wir den Dingen
bei und nennen es der

Al Raschid- Das hohe Ziel der Erkenntnis.txt
Dinge Eigenschaften.--

*

    Ausgeloescht sind die in Rede stehenden
Wahrnehmungen, nur
verschiedene Benennung die erscheinende
Verschiedenheit; wie die
Unterscheidungen rechts und links, wie oben
und unten, nur Namen, an
sich nichts die Unterscheidungen
Vergangenheit und Zukunft, blosse
Fuer-wahr-nehmung, nicht Wahrheit.--
    Ausgeloescht mit ihren Teil-Erscheinungen
und gegenteiligen
Merkmalen ist die Erscheinung Zeit selbst,
Empfindung--nicht
Erkenntnis, eigen geschaffenes Trugbild, aus
dir gewirkt, auf dich
wirkend, Wirkung und Wirklichkeit dieser
Welt. Nicht ist Zeit an sich
--nicht ist Zeit Wesen und Wahrheit.--
    Darum ist gesagt: "Aus deiner Seele die
Erscheinung: Zeit."
    Darum ist gesagt: "Zeit ist scheinbare
Wahrheit". "Ich bin nicht
in der Zeit, ich selbst bin Zeit."
    --Es ist der Welt Atem, den du, als sei er
in dir, spuerst.--

*   *   *

    Ausgeloescht ist alle auf Raum, alle auf
Zeit bezuegliche Anschauung
und Auffassung, alle auf Raum und Zeit
bezuegliche Wahrnehmung und
Eigenschaft, alle Unterscheidungen,
Verhaeltnisse, Merkmale,
Bezeichnungen, Beziehungen, Beilegungen,
Bedeutungen und alle uebrigen
auf Raum und Zeit ruhenden Empfindungen,
Vorstellungen, Begriffe,

Urteile, Namen;--in nichts gesunken:
Ausdehnung, Mass, Zahl,
Teilbarkeit, Einheit und Vielheit, Folge und
Folgerung, Anfang und
Ende, Entstehen, Vergehen, Unendlichkeit,
Ewigkeit--muessige Fragen
dem Wissenden--
       Ausdruck deiner Gegenwart zum
gegenstaendlich aufgefassten Gedanken;
deine Empfindung und nach aussen Verlegung,
das ist Auslegung deines
Inne-be-findens; ein-Bildung und
wider-Spiegelung deiner Einbildung,
das ist: vor-Stellung; deine eigene
Schoepfung--du selbst--an sich
nichts die sogenannten Eigenschaften der
Zeit, die sogenannten
Eigenschaften des Raumes--
       Ausgeloescht mit ausgeloeschten Merkmalen
und Unterscheidungen ist
Zeit und Raum selbst--vernichtet! Zeit und
Raum sind nicht in sich.
Spiel deiner Seele, ein blosser Traum!
       Darum ist gesagt: "aus deiner Seele die
zeit-raeumliche
Erscheinung".
       --Erscheinung!--sinnlicher Widerschein
seelischer Empfindung in
dir--deines eigenen Wirkens Abbild,
eigengeschaffene Wirklichkeit
dieser Welt--du selbst!--Keine Zeit, kein
Raum in sich; keine
Zeit, kein Raum in Wahrheit.
       --Eigen Geschaffenes legen wir den Dingen
bei und nennen es der
Dinge Eigenschaften, eigen
Gewirktes--Wirklichkeit dieser Welt.--
       Solches hast du klar erkannt, von solcher
Erkenntnis vermagst du
ferner nicht mehr abzuweichen... es sei denn,
dass du--ueber dieses
hinaus zu tieferer Einsicht gelangst.

Al Raschid- Das hohe Ziel der Erkenntnis.txt

*

   In dir ist Zeit und Raum, du selbst
schaffst Zeit und Raum, zu
eigener Lust; traegst Zeit und Raum mit dir,
wie du Leben und Welt mit
dir traegst. Ewig ist Zeit, unendlich ist
Raum--ewig unendlich Ich
und Welt.

   --Es ist das Atmen der Welt, die du lebst;
Schoepfer--
Vernichter.

*   *   *

   Und ferner, o Teurer!
   Noch hat niemand diesem, wovon wir reden,
sein volles Recht
stroemen lassen, und nicht ueberliefert wurde
mir diese Lehre; in mir
selbst trat zutage, wuchs und erstarkte die
Erkenntnis.
   Und schon einmal habe ich der Welt diese
Lehre verkuendet, als die
Tochter des Vatschaknu vor dem Koenige der
Videha mich befragte; aber
unverstanden von der Welt blieb diese Lehre:
--"was zwischen Himmel
und Erde ist, und oberhalb des Himmels und
unterhalb der Erde, was sie
Vergangenheit und Zukunft nennen--Raum und
Zeit--o Gargi, ist
eingewoben und verwoben in der Erscheinung
Akasha".--Uraltes Wissen
verkuendige ich dir wieder: der erscheinenden
Welt zeitraeumliches
Dasein.

*

Al Raschid- Das hohe Ziel der Erkenntnis.txt

Gegensatz und Zwillingspaar ist, was du
Raum und Zeit nennst.
Durch Ur-sprung ist Raum, durch Raum--Zeit;
wie rechts durch links,
wie oben durch unten, wie Vergangenheit durch
Zukunft. Wie kein rechts
ohne links, kein oben ohne unten, keine
Vergangenheit ohne Zukunft, so
kein Raum ohne Zeit, keine Zeit ohne Raum.
Zeit ohne Raum waere
nirgend; Raum ohne Zeit waere nie.

Alles was im Raum ist, entsteht und
vergeht in der Zeit; alles was
in der Zeit ist, entsteht und vergeht im
Raum. Zeit ist ewig ueberall,
Raum ist ueberall ewig. Zeit und Raum
bedingen einander. Zeit und Raum
misst sich aneinander: 'ein Zeitraum, eine
Stunde Wegs, eine Spanne
Zeit, ein Tagwerk Land, eine geraume Zeit.'
Zeit und Raum ergaenzen
einander. Dem Nebeneinander des Raumes
entspricht das Nacheinander der
Zeit. Zeit und Raum treten fuer einander ein.
Bewegter Raum waere Zeit;
ruhende Zeit waere Raum. Ausgebreitete Zeit
heisst Raum; dauernder Raum
--Zeit. Zeit und Raum schafft einander; Zeit
und Raum hebt einander
auf--Gegensaetze, die einander schaffend,
einander aufheben.

Gegensaetze Zeit und Raurn sind
gegen-Paare, halb-Teile eines
Ganzen. Gegensatz in sich nennt Ich: Zeit,
Gegensatz zu sich nennt
Ich: Raum. Spaltung im Ich--Zeit; gespaltenes
Ich--Raum. Gegensatz
raeumt--Gegensatz zeitigt.

*

Weder hat Zeit einen Anfang, noch ist

Al Raschid- Das hohe Ziel der Erkenntnis.txt
Zeit ewig; weder hat Raum
ein Ende, noch ist Raum unendlich--weder ist
Zeit und Raum real,
noch ist Zeit und Raum ideal;--Zeit und Raum
ist Gedanke im
verlangenden Ich.
     Zeit-Gegenwart ist ohne Dauer, also nicht
Zeit; Raum-Punkt ist
ohne Ausdehnung, also nicht Raum.
Zeit-ewigkeit wird nicht aus Zeit,
Raum-unendlichkeit wird nicht aus Raum, und
wie Zeit-ur-teil keine
Zeit ist, so ist Zeit-ewigkeit keine Zeit;
wie Raum-ur-teil kein Raum
ist, so ist Raum-unendlichkeit kein Raum.
Zeit und Raum ist Gedanke im
urteilend schaffenden Ich.
     Ich ist Zeit-einbildung, Ich ist
Raum-vorstellung. Im Ich ist ewig
Zeit; im Ich ist endlos Raum. Weil Ich selbst
Zeit und Raum ist, darum
ist Zeit immer, wann Ich ist; darum ist Raum
immer, wo Ich ist; Zeit
und Raum ewig unendlich, da Ich ist. 'Ewig'
'unendlich' aus dem Ich
geschaffene, das Ich selbst bezeichnende
Worte, Ich-ausdruck, nichts
mehr.
     Ich ist Ausdehnung in sich zu ewiger
Zeit--ausser sich zu
unendlichem Raum. Ich ist gegen-Wart zu Zeit
und Raum. Ich-Atem,
Ich-Bewegung, Ich-Ausdehnung, Ich-Wandel,
Ich-Wirk-lichkeit ist Zeit
und Raum. Wechselndes im Bleibenden,
Beharrendes im Wechselnden: Ich.

     Keine Zeit, kein Raum ohne Ich: einen
Augenblick bewusstlos--eine
Ewigkeit bewusstlos.

     'In der 'Zeit' heisst vom Ich-bewusstsein

als Zustand in sich
unmittelbar umfasst; 'im Raum' heisst
mittelbar, vermittelst der Sinne
erfasst. Im Bereich des Ich-bewusstseins
heisst Zeit, was darueber hinaus
Raum heisst. Vom Ich empfunden--Zeit, vom Ich
angeschaut--Raum;
seelisch empfunden--Zeit, sinnlich
angeschaut--Raum.

Bei gedankenlosem Hinschauen zwar
erscheint Zeit und Raum
verschieden, verschieden wie Tag und Nacht,
wie Vergangenheit und
Zukunft, unvereinbar, ewig voneinander
getrennt. Ansicht--nicht
Einsicht; Wahr-nehmung--nicht Wahrheit.
Zeit und Raum sind nicht auseinanderzuhalten:
--frage dich, o Teurer,
durch welche Bestimmung koennten Zeit und
Raum, beide an sich leer an
Bestimmung, voneinander verschieden sein?
Eines ist, was du in dir
Zeit, was du ausser dir Raum nennst--zwei
Namen fuer das Selbe:
atmendes Verlangen in dir.
Sprich es unverstanden nach--mit
vorschreitender Erkenntnis gelangst
du zu vollem Verstaendnis.

*

Wie du, dich selber taeuschend, den Raum
ueber dir vom Raum unter
dir unterscheidest, wie du, dich selber
taeuschend, Zeit vor dir von
Zeit nach dir unterscheidest, so
unterscheidest du, dich selber
taeuschend, Zeit in dir von Raum ausser dir.
Wie deine Gegenwart im Raum bestimmt, was
du hier und was du dort
nennst, wie deine Gegenwart in der Zeit

Al Raschid- Das hohe Ziel der Erkenntnis.txt
bestimmt, was du als vorher
und was du als nachher unterscheidest, so
bestimmt deine Gegen-wart im
Da-sein, was in dir zeitlich, was ausser dir
raeumlich erscheint.
    Wie deine Gegenwart in Zeit und Raum die
Teilung eines Ganzen
bestimmt--ein willkuerlich gewaehlter
Scheidepunkt, der dir das Recht
zu geben scheint, Gegenteiligkeit zu
schaffen, ein rechts und ein
links, ein oben und ein unten zu
unterscheiden, ein vorher und ein
nachher, so schafft dein Da-sein, deine
Gegen-wart, dein
Ich-Bewusstsein,--du selbst--Unterscheidung
in einem ungeschiedenen
Ganzen, macht dich in Zeit und Raum
unterscheiden, was eines ist.
Eines--scheinbare Zweiheit.
    In deinem Herzen sind die
Auseinandertretungen, deine eigene
Schoepfung die Unterscheidung Zeit und
Raum.--Als Zeit empfindest du,
was dein eigen, als Raum, was dir entfremdet.
Entlassend schaffst du
Raum, aufnehmend Zeit, was aus-wendig Raum
ist, ist in-wendig Zeit.
    Dein eigener Widerschein im Ich-Gedanken
nennt sich Bestand,
Dauer, Wechsel, Zeit; deinen eigenen
Widerschein im entlassenen
Gedanken nennst du draussen, Gegenstand,
Raum.
    Unterscheidung Zeit und Raum ist
Unterscheidung: in dir--ausser
dir; ist Empfndung und nach aussen
Verlegung--Auslegung deines
inne-Befindens; ist Ein-bildung: Zeit, und
Widerspiegelung deiner
Einbildung, Vor-stellung: Raum; Ich-zu-stand
und Ich-gegen-stand--

Al Raschid- Das hohe Ziel der Erkenntnis.txt
Ausdruck deiner wechselnden Gesinnung, deiner
Zuneigung und Abneigung,
Anziehung und Abstossung, Lust und Unlust,
Liebe und Hass, Bejahung und
Verneinung, Wille-wider-Wille im
Verlangen--Abbild deiner selbst.
        Zeit und Raum sind nur andre Worte fuer
Ich und du; Unterscheidung
Zeit und Raum ist Unterscheidung Ich und
Welt--Ausdruck des Zerfalls
im Ursprung. Davon wird dir in weiterer
Unterweisung volle Klarheit.

*

        Besinne dich und du erkennst:
ununterschieden in sich ist Zeit und
Raum; eines, was du mit ent-zwei-enden Namen
bezeichnest; wie rechts
und links, wie oben und unten, wie hier und
dort, wie jetzt und einst
--willkuerliche, in sich nichtige
Unterscheidung in dir. Und wie du
solches von dem Gegen-sinn 'rechts und
links', von dem Gegen-sinn
'oben und unten' klar erkannt hast, so wird
dir klare Erkenntnis auch
vom scheinbaren Gegensinn Zeit und Raum.
        Aller Gegensatz, alle Einheit ist in dir.
        Zeit und Raum sind Gestaltung deines
Willens; Zeit und Raum sind
andre Worte fuer deinen Willen und fuer das,
was wider deinen Willen--
wieder dein Wille ist;--Gestaltung deiner
selbst!
        Eigene Lust dein Wandel; nach eigenem
Gefallen wandelst du dich zu
Zeit und Raum, wandelst Zeit zu Raum wie
rechts zu links, wandelst
Raum zu Zeit wie unten zu oben.
        Es ist so--sprich es unverstanden nach.
Die die Welten

voneinander haelt, diese Bruecke
ueberschreite als ein Blinder.
Aufleuchten wird einst in dir die Erkenntnis,
aus welcher Tiefe
solches fliesst.

*

    Ausgeloescht der Gegensinn von Zeit und
Raum; auf Worten beruhend
die erscheinende Verschiedenheit;
ununterschieden an sich, weder das
eine noeh das andre; dasselbe doppelt
benannt, zwei Namen fur eines.
    Und gewiss: ist Zeit gleich Raum, so ist
weder Zeit noch Raum.
    Was du Zeit und Raum nennst--in
Gegenteile zerfallene, an sich
nichtige Unterscheidung in dir--in Gegensinn
auseinanderspaltendes
Urteil, deine Willensgestaltung, Spiel deiner
Seele, deine eigene
Schoepfung--du selbst.

*

    "Was du Zeit und Raum nennst, o Gargi,
ist eingewoben und verwoben
in Akasha."
    Durch Raum und Zeit wird alles dieser
Welt, was Leben heisst, was
Tod genannt wird--ewiger Kreislauf--Geburt
und Tod dieser Welt
durch Raum-Zeit-Erscheinung:
    -- AKASHA --
dieser Welt Erscheinung--deines Verlangens
sinnlicher wieder-Schein
--dieser Welt wesenlose
Erscheinung--Erscheinung des Wesens dieser
Welt.
    Aufleuchten moege in dir die
weltschoepferische Bedeutung des

Wortes.

*

Darum ist gesagt: "auf Akasha geht diese
Welt zurueck"--
"Einklang von Seele und Leib."
Darum ist gesagt: "Akasha--des Brahma
Standort"--"Brahma
leibhaftig geworden"--"deiner Seele Leib."
"Darum soll man als dieser Welt Keim
Akasha wissen."
Sehend geworden erkennst du:
--Es ist der Welt, die dich lebt, Atmen--
--atma--

*   *   *

So, o Teurer, koennen wir Menschen, der
Erscheinung nachdenkend,
uns dieses vorstellen; der Erkenntnis ehernes
Tor, verhuellte Wahrheit
dem nicht Erkennenden--Upanishad.

*

So lautet in Aranada Upanishad der zweite
Abschnitt: zeit-
raeumlicher Erscheinung Urbestand; nunmehr
kama, Verlangen.

III.
DAS VERLANGEN DIESER WELT
-- kama --

Zu dem, was ich dir ferner zu sagen
gedenke, o Teurer! behalte vor

Seite 50

Augen:

Es geschieht wohl, dass von den dickkopfigen Ameisen eine
mitten-von-einander bricht; alsbald kehren sich die getrennten Teile
feindlich gegen einander: der Kopf greift mit den Kiefer an, der Leib
wehrt sich mit dem Stachel.

Eben noch einheitlicher Bestand, Ein Ich mit Einem Bewusstsein,
Einer Empfindung, Einem Willen, von gleicher Sorgfalt fuer alle Teile
seines Koerpers erfuellt--zerfaellt es vor deinen Augen in zwei
Bewusstsein, zwei Empfindungen, zwei Willen, zwei Seelen; jedes der
beiden Teile fuehlt sich selbstaendig, ein "Ich", und seine erste Tat
ist Kampf gegen das, was es nicht mehr als sein Ich erkennt.

Zwiespalt koerperlich-seelisch; Gedanke dieser im Zwiespalt
atmenden Welt;   Ausdruck des ur-Sprungs: Kama, Verlangen.

Durch ur-Sprung: ur-TeilIch und gegen-TeilIch. Durch solche
Teilung Verlangen in Ich und Ich;--das Ausser-einander von Ich und
Ich ist Verlangen:

-- KAMA --

*

Also ist die Unterweisung:

Ich knuepfe an Gesagtes an, o Teurer!

Der Erreger, savitar, die Sonne, weckt die Geschoepfe--alsbald
beseelt diese der Gedanke des Lebens: Kama, Verlangen, und es folgt
Jagd und Kampf.

Brennend vor Begier wirft sich der Eine auf den Anderen: "du bist

meine Nahrung"--und der Sieger frohlockt:
"ich toete dich: es ist
mein Recht."

Vom Unterliegenden jedoch schallt voller
Widerspruch zurueck: "ich
will nicht sterben, du darfst mich nicht
toeten, es ist unrecht und
boese!"

Du erwaegst zuvoerderst den Gegensatz im
atmenden Verlangen im
'Raum' erscheinend.

Jeder der Beiden, hier wie dort, der
Sieger sowohl wie der
Unterliegende, will dasselbe: will leben,
nicht sterben; will toeten
und fressen, will nicht getoetet und
gefressen werden.

Hier wie dort Ein Gedanke, dasselbe
Verlangen, dennoch
Widerspruch, Zwiespalt, Gegensatz.

*

Du schaust den Gedanken unbewegt,
einheitlich, ungeteilt: Kama,
Verlangen, Frass; Frass ist sinnfaelliger
Ausdruck des Verlangens.

Es ist kein Zwiespalt, kein Gegensatz im
Gedanken, im Wollen und
Tun an sich; Zwiespalt, Gegensatz ist durch
Ich und Ich.

Zwiespalt, Teilung erscheint mit
be-Teil-igung des Ich am
Gedanken. Der Gegensatz entsteht durch
zwiefachen Standort des Ich; im
Ich, das hier will, und im gegenueber
stehenden, entgegen stehenden,
widerstehenden Ich, das dort wieder
will--zwei gegen-staendliche
Standorte des Ich--das ist Raumerscheinung:

I. Ich--hier:

Al Raschid- Das hohe Ziel der Erkenntnis.txt
"ich will dich fressen."

II. Ich--dort:
"ich will dich fressen."

*

Ich auf beidem Standort spricht den
einheitlichen Gedanken, das
einheitliche Verlangen: 'Frass' zwiefach aus,
bejahend--verneinend.
Ich auf beidem Standort bejaht den Satz und
verneint damit den
Gegensatz. Ich will--und will nicht das
Gegenteil des Gewollten;
Wille zur Tat, Unwille zur Duldung der Tat.
Ich hier wie Ich dort:
"ich will leben--nicht sterben, ich will
fressen--nicht gefressen
werden."
Es ist Ein Gedanke, Ein Verlangen, Ein
Vorgang: 'Frass'; 'fressen
--nicht gefressen werden' ist nur
Lautverschiedenheit, nur sprachlich
doppelter Ausdruck, dem Sinne nach dasselbe;
nur Gewolltes bejahende,
nicht-Gewolltes verneinende Redewendung,
doppelte Bezeichnung fuer
Eines. Ich spricht in zwiefachen, Eines
bedeutenden Worten
einheitliches Wollen, den Einen ungespaltenen
Gedanken aus;
Gegensatz erscheint im raum-gespaltenen, im
ent-zwei-ten Ich; im Ich,
das hier will, und im Ich, das dort will,
dort wieder will, das heisst
--wider will:

    [Ich:]
    I. Ich, angreifend und siegend will die
Tat, bejaht, die Tat,
    spricht den bejahenden taetigen

Al Raschid- Das hohe Ziel der Erkenntnis.txt
Sprachausdruck des Verlangens--in
Lust aufflammend:
"ich will dich fressen."

[Ich im raeumlichen 'Gegen'stand:]
II. Ich, angegriffen und unterliegend,
will die Tat nicht,
verneint was ihm Leid antut, spricht den
verneinenden, leidenden
Sprachausdruck des Verlangens--in Leid
aufflammend:
"ich will mich nicht fressen lassen."

Kein Gegensatz im Verlangen, kein
Zwiespalt, keine Teilung--
gleichviel, ob sich der Gedanke in Einem Ich
in zwiefacher Redewendung
--bejahend--verneinend--ausspricht, oder ob
sich der Gedanke in
zwiefacher Redewendung als Wille und Unwille
auf zwei Ich verteilt--
zweiheitlicher Ausdruck des einheitlichen
Gedankens: Verlangen.
Kein Gegensatz in Gedanken--gleichviel,
ob sich der Gedanke im
tuenden Ich in Tat ausdrueckender Redeform
ausspricht, oder ob sich der
Gedanke im leidenden Ich in Leid
ausdrueckender Redewendung
widerspricht; gleichviel, ob der Gedanke im
Ich, fressend, sich
bejaht, im Ich, gefressen, sich verneint:
--einheitliches Verlangen.
Unberuehrt bleibt der Gedanke,
ungeteilt--Unterscheidung,
Teilung, Entzweiung, Zwiespalt und Gegensatz
ist durch Ich und Ich
Dies ist kama, Verlangen, in gegen-Teile
ent-zweit, als Wille und
wider-Wille erscheinend; im zu-Stand-Ich und
im gegen-Stand-Ich; Ich
raeumlich auf zwei Standorten.

Al Raschid- Das hohe Ziel der Erkenntnis.txt
Ich-ent-Zwei-ung.

*

    Nunmehr der Gegensatz im atmenden
Verlangen in der Zeit
erscheinend.
    Nichts weset ohne ein Zweites, kein Ding
ohne seinen Gegensatz,
kein Willen ohne gegen-Willen--kein Leben
ohne Atem des Willens, wie
kein Atem ohne Einhauch und Aushauch.
    Es geschieht, dass in den Beiden, die
sich bekaempfen, eine Wendung
im Verlangen eintritt:
    Im Sieger nach geschehener Tat: die Gier
ist befriedigt, die Lust
verraucht. Wie am bewegten Schoepfrad der
Eimer gefuellt emporsteigt und
entleert wieder herabsinkt, so fuellt sich
das Verlangen, uebersteigt
den Hoehepunkt und faellt. Bisher
zurueckgedraengte Gedanken draengen vor.
Der Sieger versetzt sich in die Lage des
Opfers; das Mitleid erwacht,
der Umschlag erfolgt; man sagt wohl: er ist
nicht mehr derselbe, er
ist ein anderer geworden: "ich will nicht
toeten, es ist Unrecht.
Lieber Unrecht leiden als Unrecht tun, lieber
selber den Tod erdulden,
als andere toeten."
    Sodann im Unterliegenden: "mein
Widerstand ist vergeblich; ich
unterliege." Bisher zurueckgedraengte
Gedanken draengen vor. Erinnerung
an eigene Untat wird wach, der Umschlag
erfolgt: "es geschieht mir
Recht, ich verdiene den Tod; ich will mein
Unrecht buessen, will meine
Suende suehnen: toete mich, ich sterbe
freudig."

Al Raschid- Das hohe Ziel der Erkenntnis.txt
Der Kampf ist aufgegeben, Frieden ist
gewonnen; Aufopferung hat
Raubgier abgeloest. Verraucht ist das
Verlangen, aller Sittlichkeit
hoechstgepriesenes Ziel erreicht--erstanden
das Wunder:
Selbstlosigkeit.

*

Du erwaegst zuvoerderst den zeitlich
erscheinenden Gegensatz im
Willen des angreifenden Ich--Wechsel von Tat
zu nicht-Tat.
Der Gegensatz erscheint als geaenderter
Wille im Ich. Das Verlangen
atmet, lebt, bewegt sich, wandelt, wechselt
im lch. Ich verlaesst seinen
Stand, ver-stellt sich, nimmt andere Stellung
zum Gedanken:
"Ich wollte leben, wollte nicht sterben;
wollte die Tat tun,
wollte die Tat nicht dulden, wollte toeten
und fressen, wollte nicht
getoetet und gefressen werden"--
"jetzt will ich sterben, will nicht
leben; will nicht toeten, nicht
fressen, will getoetet und gefressen werden."
Im Willen des Ich ist Wandlung
eingetreten--Gegensatz im
wechselnden Willen in der Zeit erscheinend.

*

Du schaust den Gedanken unbewegt,
einheitlich: kama, Verlangen.
Tat und Frass ist sinnfaelliger Ausdruck des
Verlangens, Ausdruck des
Wirkens dieser Welt.
Es ist keine AEnderung, kein Gegensatz in
Verlangen an sich;
AEnderung und Gegensatz ist im be-Stand des

Al Raschid- Das hohe Ziel der Erkenntnis.txt
verlangenden Ich.
    Unterscheidung, Zwiespalt, Teilung
erscheint mit be-Teil-igung,
mit an-Teil-nahme des Ich am Gedanken. Der
Gegensatz entsteht im Ich,
das, wollend, in sich spaltet; das Verlangen
bleibt, nur das zeitliche
Ziel des Verlangens im Ich wechselt: Ich, das
wollte--Ich, das
anders will; zweierlei Verhalten,
zwiespaltiger Zustand im Ich--das
ist Zeiterscheinung.

    I. Ich erst in Lust aufflammend, erst:
    "ich will fressen;"

    III. Ich dann lustlos verloeschend, dann:
    "ich will gefressen werden."

*

    Der Gedanke bleibt Einer, einheitlich,
ungeteilt: Frass. Kein Frass
ohne fressen und gefressen werden; beides
liegt unmittelbar im
Gedanken "Frass", "Fressen--gefressen werden"
ist nur sprachlich
verschiedener Ausdruck des Einen Gedankens;
nur zweierlei Benennung
fuer ein-und-denselben Vorgang, nur taetige
und leidende Sprachform: nur
Laut-Verschiedenheit, nicht Gegensatz in
sich--Eines: Kama,
Verlangen.
    Wandel und Gegensatz erscheint im
zeitgespaltenen Willen des Ich:
Ich wollte und will das Gegenteil des zuerst
Gewollten. Alles Wollen
ist aus Tun und Dulden: Ich wollte die Tat
tun--ich will die Tat
dulden.

Al Raschid- Das hohe Ziel der Erkenntnis.txt
[Ich:]
I. Ich, erst, in Verlangen, Urteil, Tat sich schaffend, will das
Leben, begehrt, hofft, will tun, bejaht den Gedanken zu solcher Zeit
blind:
"ich will dich fressen, will nicht von dir gefressen werden."

[Ich in zeitlichem Gegensinn:]
III. Ich, dann, nach aufgegebenem Tun, von treibender
Lustempfindung frei, nicht mehr begehrend, ver-setzt sich in die Lage
des Opfers, ver-stellt sich auf den Standpunkt des Gegners, versteht
ihn, mit leidend, steht ihm bei,--urteilt nun von also
entgegengesetztem Stand mit der Zeit ver-staendig, erkennend, wechselt
mit gewechseltem Stand seine Ansicht, wendet sich im Gedanken,
widerspricht sich selbst, gibt sich auf, will dulden, will den Tod:
lustlos vergehend:
"ich will mich fressen lassen, will nicht fressen"

Es ist ein Gedanke, der sich im Ich ausspricht, gleichviel wie
sich das Ich verlangend zum Gedanken stellt, es bleibt Ein Gedanke,
gleichviel ob Ich den Gedanken tun, oder ob Ich den Gedanken dulden
will, gleichviel ob das Ich, erfuellt vom Gedanken, sich Henker oder
Opfer fuehlt--kama, Verlangen.

*

Dieselbe zeitliche Wendung im angegriffenen, im widerstehenden Ich

Al Raschid- Das hohe Ziel der Erkenntnis.txt
--Wechsel von nicht-Duldung zu Duldung--
Ich wollte nicht und will dann nicht das Gegenteil des zuerst
nicht Gewollten. Ich wollte die Tat nicht dulden--jetzt will ich die
Tat nicht tun.

[Ich im 'Gegen'stand, das ist: nicht-Ich:]
II. Ich, angegriffen, verabscheut die Tat, widersteht, verteidigt
blind seinen Standort, will nicht dulden; in Leid aufflammend:
"ich will nicht von dir gefressen werden, will dich fressen!"

[nicht-Ich im zeitlichem Gegensinn:]
IV. Ich, nach aufgegebenem Widerstand, im UEbermass des Leides
nichts mehr erhoffend, weder begehrend noch verabscheuend, gibt den
bisher verteidigten Standort auf, ver-stellt sich auf den Standort des
Henkers, ver-steht ihn, urteilt jetzt vom also entgegengesetzten
Standort erkennend, will dulden, nicht tun, leidlos vergehend:
"ich will dich nicht fressen, will mich von dir fressen lassen!"

Unberuehrt bleibt der Gedanke--Unterscheidung ist im Ich, im
zeitgespaltenen, im gewechselten Willen des Ich. Wille ist Ausdruck
des Ich. Kein Wille ohne Ich, kein Ich ohne Willen. Wille ist Ich, Ich
ist Wille.
Dies ist Kama, Verlangen im Ich als wechselnder Wille atmend;
Verlangen im selben Ich zeitlich in gegen-Teile gespalten erscheinend
im Ich und wieder im Ich; Ich in zwei

Al Raschid- Das hohe Ziel der Erkenntnis.txt
Zeit-zu-Staenden; Ich-zwie-Spalt.

*

Erkenne zunaechst:
Gegensatz, Widerspruch, Zwiespalt,
Entzweiung, Teilung, im
Verlangen erscheinend, ist nicht an sich, ist
willkuerliche, durch
gegensaetzlichen Ich-stand--in sich, ausser
sich--in-gegen-Teile
aus-ein-ander-spaltende, an sich nichtige
Unterscheidung in dir, von
scheinbarer Verschiedenheit,--ununterschieden
in sich; von
scheinbarer Bedeutung--bedeutungslos an sich;
aus dir gewirkt--auf
dich wirkend, Wirkung und Wirklichkeit dieser
deiner
eigen-geschaffenen Welt--nicht Wahrheit.
Was als Gegensatz im Verlangen erscheint,
ist in dir, ist
Kennzeichnung deiner zeitraeumlichen
gegen-Wart, deines da-Seins, ist
Ausdruck deiner Beziehung zum gegen-Stand,
ist deine Auffassung, deine
Gesinnung, deine an-Teil-nahme, deine
Stimmung, deine Lust oder
un-Lust zum eigenen, gegen-staendlich auf
gefassten Gedanken, ist
Empfindung in dir und Auslegung, das ist nach
aussen ver-Legung deines
inne-Befindens, ist deine ein-Bildung und
wider-Spiegelung deiner
Einbildung, das ist: Vorstellung; Inhalt
deiner Seele, Verlangen, aus
dir geboren, deine eigene Schoepfung--du
selbst.
Unberuehrt bleibt der Gedanke, unbewegt
wie im Sturm der
Sonnenstrahl, gleichviel, ob Ich das
Verlangen aufnimmt oder abweist,

Al Raschid- Das hohe Ziel der Erkenntnis.txt
den Gedanken hofft oder fuerchtet, liebt oder
hasst, bejaht oder
verneint, anzieht oder abstosst, tut oder
duldet, will oder nicht will;
gleichviel, ob Ich, vom Gedanken beseelt Lust
oder Unlust empfindet,
ob Ich sich Freund oder Feind, Herr oder
Knecht, Henker oder Opfer
fuehlt, gleichviel ob Ich frei will oder
wollen muss, gleichviel ob der
Gedanke in Ich oder Ich im Gedanken oder der
Gedanke Ich ist.--
     Alle Unterscheidung ist im Ich, im
atmenden Willen Ich. Wille ist
Ich Zustand, Wille ist Ich Ausdruck. Kein
Willen ohne Ich, kein Ich
ohne Willen. Wille ist Ich, Ich ist
Wille--kama, Verlangen.
     Die Welt denkt nur einen Gedanken--aus
dem 'Ich' ist endlose
Mannigfaltigkeit dieser Welt.

*   *   *

     Und noch einmal:
     Der Gedanke dieser Welt--Verlangen--atmet
im Ich; Ich, atmend,
spaltet--: zwiespaeltige Beziehung des Ich zu
seinem eigenen
Gedanken, zu sich selbst. Ich will--will
nicht: will tun, nicht
dulden; will dulden, nicht tun; in
sich--ausser sich; in Zeit--in
Raum.--Alles Geschehen dieser Welt--alle
Moeglichkeit dieser Welt;
aller Gedanken, alles Werdens und
Verwerdens--alle Welten umfassende
Moeglichkeit.

SAMSARA.

  Ich aufflammend:

```
                                      | Raum.
                                      V
    I. "ich will dich fressen,    II. "ich will
nicht von dir gefressen werden,
    ich will nicht von dir
    gefressen werden."              ich will dich
fressen."
```

Ich verloeschend:

```
    Zeit. ->
    III. "ich will von dir       IV. "ich will
dich nicht fressen,
    gefressen werden, ich          ich will von
dir
    will dich nicht fressen."      gefressen
werden."
```

NIRVANA.

*

    Das ist:
                    Ich, im Verlangen atmend,
                    will tun, nicht dulden;
                    will dulden, nicht tun.

*

    Vierfacher Ausdruck fuer Eines: Ich auf
vier Standorten--die vier
sogenannten Denkgesetze des Yavana.
    Ich, im Verlangen atmend, bejaht und
verneint in sich--bejaht
und verneint ausser sich.--
    Ich--in sich--ausser
sich--bejahend--verneinend--nennt
sich mit allen Namen dieser Welt:
    Die Welt ist im verlangenden Ich--so

Al Raschid- Das hohe Ziel der Erkenntnis.txt
erkennst du.

*

Also ist der erscheinende Wandel des
Verlangens vom Ich zum
nicht-Ich, vom nicht-Ich zu s-Ich zurueck;
aus Tat--durch Widerstand
--zu Duldung; Ich-Atem--atma.

*

Mit dem Zerfall im Ur-sprung erscheint
Zerfall in Ich und
nicht-Ich, erscheint Zerfall in Willen und
Unwillen, erscheint Zerfall
in Zeit und Raum--erscheint
Welt-wirklichkeit.

*

Folge meinen Worten, o Teurer, mit
offener Seele--ich fuehre dich
sicheren Weg. Doch lass dein Verstaendnis
nicht an Worten haften,
erfasse ueber Worte hinaus; Worte sind
Hindernis der Erkenntnis. Mit
wachsender Einsicht offenbart sich dir die
gegensinnliche Einheit von
Erscheinung und Verlangen. Sprich es
unverstanden nach--was
unverstaendlich scheint wird
selbstverstaendlich.

*   *   *

Einheitliches Verlangen erscheint im Ich
in Willen und Unwillen
gespalten.

*

Al Raschid- Das hohe Ziel der Erkenntnis.txt
Ich, zum Ziele wollend, stoesst
Ungewolltes unwillig von sich ab,
schafft im eigen-Willen Widerwillen.
Widerwillen weicht vom Ich, wird
im gegen-Stand selbst-staendig, ist fremdes
entgegenstehendes Wollen--:
Willen in mir--Willen ausser mir--das ist
Raum.
Raumerscheinung schafft sich durch
Aus-legung des Widerwillens im
Ich.

*

Ich-willen, zum Hohenziele des Verlangens
rastlos irrend, von
selbstgeschaffenem gegen-Stand
zurueckgestossen, bleibt wollend,
wechselt im Willenszustand--: Willen in mir
erst--Willen in mir
dann--das ist Zeit.
Zeiterscheinung schafft sich im Ich durch
wechselnden Willen.

*

Das verlangende Ich schafft
zeitraeumliche Erscheinung.
Verlangen treibt dich zu Ausdehnung in
Zeit und Raum. Je nachdem
du dich im atmenden Verlangen gefordert oder
gehemmt empfindest, ist
Willen oder Widerwillen in dir. Verlangen der
Welt willig ergriffen
ist eigener Willen; Verlangen der Welt
unwillig abgewiesen ist
Widerwillen in dir. Was in dir seelisch
empfunden Widerwille ist, ist
sinnlich aufgefasst Widerstand im Raum, das
ist fremder Wille wider
dich: 'ich will nicht' das heisst: 'du
willst'. Was Ich aus sich

Al Raschid- Das hohe Ziel der Erkenntnis.txt
unwillig entlaesst, wird raeumliche
Vorstellung: Du.
   Der Atem des Verlangens in Anziehung oder
Abstossung erscheint im
Ich als Willensgegensatz. Willensgegensatz in
sich fasst Ich zeitlich
auf; Willensgegensatz zu sich ist dem Ich
Raum. Wechselnder Willen ist
Zeit; zu Unwillen gewechselter Willen ist
Raum. Willig-un-williges
Verlangen in dir erscheint als
zeit-raeumliche Wirklichkeit ausser dir.
   Endloses Verlangen in dir erscheint als
endloses Werden--
erscheint und ist.
   Mit dem Zerfall im Ur-sprung erscheint
Zerfall in Ich und
nicht-Ich, erscheint Zerfall in Willen und
Gegenwillen, erscheint
Zerfall in Zeit und Raum
   --erscheint und ist--

*

   Wie du, von dir aus ut-teilend, Willen
von Widerwillen
unterscheidest--beides in dir, beides
Eines--du selbst, so unter-
scheidest du, von dir aus urteilend, Zeit von
Raum--beides in dir,
beides Eines--du selbst.
   Wie Unwillen in eigenem Willen zu fremdem
Gegenwillen wird, so
wird Ein-bildung Zeit zu gegensaetzlicher
Vor-stellung Raum. Wie
'fressen' und 'gefressen werden' Eines ist im
'Frass', wie Willen und
Unwillen Eines ist im Verlangen, so ist Zeit
Erscheinung und
Raum-Erscheinung Eines in dir--dein
Verlangen, du selbst.
   Verlangen, vom Ich ausgesprochen, vom

Al Raschid- Das hohe Ziel der Erkenntnis.txt
Widerschein des Ich--dem
nicht-Ich--wieder ausgesprochen, das ist:
widersprochen--sieht
sich selbst gegenueber, tritt sich selbst
entgegen, ist sich selbst
Gegensatz.
    Suchender Wille ist Raum, im Suchen
wechselnder Wille ist Zeit.

    Also wurzelt in deinem Willen-un-Willen
Zeit und Raum; also ist
Zeit-Raum-Erscheinung dein Verlangen.
    Erkenntnis hiervon ist Loesung des
Raetsels: Raum-Zeit-Einheit.

*   *   *

    Was von Empfindungswellen dir erwuenscht,
willkommen zustroemt, was
du dir anzueignen gewillt bist, was du
willfaehrig aufnimmst, was du
zustimmend bejahend wohlwollend auffasst, was
sich dir willig fuegt, dir
zu Willen ist, worein du einwilligst, was zu
deinem eigenen Willen, zu
dir selbst wird, dein Zustand, erscheint in
dir--deine Seele
bewegend--in zeitlichen Formen.
    Was, aus dir geboren, dich unwillkuerlich
befremdet, was du nicht
fuer dein eigen haeltst, was nicht mehr du
selbst bist, was du
unerwuenscht erleidest, was dich anwidert,
was dir widrig, widerwaertig,
zuwider ist, dein wider-Wille
erscheint--deine Sinne bewegend--
ausser dir, raeumlich, als wider-Stand, als
widerstehende Kraft aus dem
Raum.
    Atmet Verlangen in dir, wandelst du
Willen zu Unwillen, so
wandelst du Empfindung zu Anschauung,

Al Raschid- Das hohe Ziel der Erkenntnis.txt
Einbildung zu Vorstellung,
Zustand zu Gegenstand, wandelst zeitlichen
Wechsel zu raeumlicher
Verschiedenheit, Zeit zu Raum: --und
umgekehrt: ziehst du unwillig
Abgestossenes, Gegenstand, Raum Gewordenes
wieder willig an dich,
nimmst du, durch Aufhebung der Verneinung,
den Gegensatz willig in
dich auf, so wandelst du deine Anschauung zu
Empfindung, deine
Vorstellung zu Einbildung, deinen Gegenstand
zu deinem Zustand,
raeumliche Mannigfaltigkeit zu zeitlichem
Wechsel, fremde Kraft zu
eigenem Willen, Raum zu Zeit.
    Willenswandel deine Seele
bewegend--seelisch empfunden--
erscheint dir zeitlich, Willenswandel deine
Sinne bewegend--sinnlich
angeschaut--erscheint dir raeumlich.
Seelischer Wandel ist Zeit;
sinnlich koerperlicher Wandel ist Raum.
Bewegung deiner Seele--Zeit;
Bewegung deiner Sinne--Raum. Verlangen treibt
dich und es wird Zeit
und Raum; beides Bewegung, beides Empfindung
in dir.
    Eigene Lust dein Wandel im Verlangen;
eigenes Gefallen dein Wandel
in Zeit und Raum. Verlangend wandelst du in
Zeit und Raum, verlangend
wandelst du dich zu Zeit und Raum, wandelst
Zeit zu Raum, wie rechts
zu links, wandelst Raum zu Zeit, wie unten zu
obem.

*

    Aller Wille will nicht, aller Unwille
will. Unwillen durch Willen,
Willen durch Unwillen--Wille und Wille

Al Raschid- Das hohe Ziel der Erkenntnis.txt
untrennbar--Eines, wie Zeit
und Raum, wie oben und unten.
  Versuche zu verstehen:
  Wenn du wollend nicht willst und nicht
wollend willst, was nicht
wollend dich will, was wollend dich nicht
will, was dir unwillig
willig zu-kommt, was dir willig unwillig
aus-kommt, nennst du mit
zeitlich raeumlichen Namen. Was du willig
Zeit oder Raum nennst, nennst
du unwillig Raum oder Zeit.
  Zeit und Raum--Gestaltung deines Willens;
Zeit und Raum--
andere Worte fuer deinen Willen und fuer das,
was, wider deinen Willen,
wieder dein Wille ist--Gestaltung deiner
selbst.

*

  Ich Atem ist Einhauch und Aushauch, ist
innen und aussen, ist
zu-Stand und gegen-Stand, ist Wille und
Unwille, ist Zeit und Raum,
Ich und nicht Ich.
  Also von Gegensatz zu Gegensatz atmend
schafft Ich Zeit und Raum,
mit Zeit und Raum--die Welt, deines
Verlangens sinnlicher
Widerschein.

*

  Also ist der Atem des Verlangens
Wille-un-Wille im Ich--aus Tat
durch Widerstand zu Duldung--Atem, Leben,
Bewegung, Wandel, von
Ich-bestand I auf Ich-wider-Stand II und auf
Ich-wieder-bestand III
zurueck. Ich-Verlangen, wandelnd, zu seinem
gegen-Stand und zu sich

Al Raschid- Das hohe Ziel der Erkenntnis.txt
selbst zurueck ver-wandelt; Ich durch
wider-Ich zu wieder-Ich; von Ich
zu Ich; Ich Atmen--atma.

*

    Und ferner, o Teurer, Verlangen in dir
ist Schoepferkraft.
    Von geringem Verstaendnis sind wir
Menschen, blind vor Verlangen
erkennen wir offenen Auges das Naechste
nicht. Was im Samsara
verlangend waechst, nennen wir unsern Willen;
Hemmung unseres Willens
empfinden wir unwillig; empfundenen Unwillen
legen wir aus als Wirkung
fremder Kraft.
    Ausuebend wandelst du eigenen Willen zu
rueckwirkender Kraft.
Wollend schaffst du Unwillen. Unwillen weist
du von dir ab; darum
erscheint er ausser dir, dir entfremdet,
scheint fremde Kraft gegen
dich. Oder mit anderen Worten gesagt: weil es
fremder Wille ist, darum
ist er nicht in dir--beides ist dasselbe.
    Unwillen in dir ist Willen wider dich.
Der eigene Wille-un-Wille
von dir ge-aeussert, von dir ausgelegt, das
ist: aus dir hinaus verlegt,
im gegen-Stand selbst staendig geworden, vom
gegen-Stand
wider-stehend, als Widerstand auf dich
rueckwirkend, ist dir des
Gegenstandes Widerstandskraft. Wille in dir
schafft mit
Not-wend-igkeit rueckwirkende
Kraft--Widerwille in dir ist Widerstand
ausser dir.
    Was Eines ist, benennst du mit
unterscheidenden Namen. Was du in
dir Willen nennst, nennst du ausser dir

Kraft. Kraft in dir bewusst,
nennt sich Willen; Willen ausser deinem
Bewusstsein scheint dir
bewusstlose Kraft. Aller Wille ist Kraft,
alle Kraft ist Willen. Wille
ist Kraft aus dir, Unwillen in dir ist Kraft
gegen dich.
    Aus dir fliesst Willen und Kraft; Eines
ist Willen und Kraft--
Verlangen in dir--du selbst. Sehend geworden
erkennst du den eigenen
Willen in fremder Kraft, dich selbst im
nicht-Ich.
    In deinem Herzen ist die
Auseinandertretung, deine eigene
Schoepfung die Unterscheidung:
Zeit-Wille--Raum-Kraft. Ich ist Zeit
und Raum, Ich ist Wille und Kraft. Ich ist
akasha, Ich ist kama.

*

    -- Ur-sprung --

Namen des Verlangens vom Ich aus.

Ich--nicht-Ich
m-Ich empfunden--d-Ich vorgestellt
in der Seele unmittelbar gewusst--mittelst
der Sinne erfasst
als eigen erkannt--als fremd verkannt
innen-Zustand--aussen-Gegenstand
wechselndes Verlangen--Entzweiung
einheitlichen Verlangens
geaenderter Wille--eines anderen Wille
eigener Widerwille--fremder Widerstand
Wandel, seelische Empfindung--Wandel,
koerperliche Bewegung
Ursache--Wirkung
Wille--Kraft
Freiheit--Notwendigkeit
Einbildung--Vorstellung

Al Raschid- Das hohe Ziel der Erkenntnis.txt
ur-Teil--gegen-Teil
Zeit--Raum
Seele--Koerper
werdende--gewordene

Welt.

*   *   *

Ich, durch-ur-Sprung--ur-Teil,
un-zu-langend--ver-langt; Ich
ur-Teil verlangt nach dem gegen-Teil. Darum
ist Ich Verlangen.
Alles Verlangen ruht auf
Unzulaenglichkeit, auf Beduerfnis, auf
Mangel, auf Gebrechen, auf Bedraengnis, auf
Sehnsucht, auf Furcht und
Hoffnung, auf Not und Qual; alles Verlangen
ruht auf Zwiespalt, auf
Zwiespalt der Seele, alles Verlangen auf
ur-Sprung. Alles Verlangen
ist Verlangen nach er-Gaenz-ung, Verlangen
nach wieder-ver-Ein-igung
mit Gottheit.
Ich empfindet sich Bruchstueck, darum
hungert Ich nach dem
Entgangenen; darum lebt alles Ich ausser
sich, darum ist alles Ich
friedlos; darum sucht Ich, begehrt Ich, sehnt
sich nach anderem,
bewegt sich, neigt sich, naehert sich
anderem, naehrt sich von anderem.
Eines Wesens ist, wenn der Spalt im Holz sich
zu schliessen trachtet--
wenn ein Ich bewusst will; Enzweiung will
Zu-eins-paarung. Aus Einer
Quelle fliesst: sich eines Anderen Seele
naehern--sich von eines
Anderen Koerper naehren.
Darum lebt Alles dieser Welt durch
Naehrung, durch Ein-ver-
leib-ung, durch an-Eign-ung; darum lebt alles

Ich durch ein anderes
und lebt kein Ich ohne nicht-Ich, und lebt
alles Ich durch nicht Ich
--seelisch wie sinnlich.

Also beschraenkt sucht Ich
Unbeschraenktheit, also unvollstaendig
sucht Ich Vollstaendigkeit, also unvollkommen
sucht Ich Vollkommenheit,
also verstossen sucht Ich nach dem verlorenen
Paradiese, also
vereinsamt und verlassen schreit Ich um
Hilfe--es verlangt alles Ich
nach Allumfassen, nach Alleinheit, nach
Vollendung--nach Nirvana.

Es verlangt m-Ich--Ich muss verlangen,
muss ausser sich wollen, muss
von Anderem leben, muss jagen und erbeuten,
muss wuergen und fressen.

Ich muss alles nicht-Ich zu sich wollen,
muss an-eign-en wollen, muss
fuer sich lieben und hassen, muss wider alles
nicht-Ich stehen, muss
allem nicht-Ich Gegner und Feind sein solange
Ich 'Ich' ist. Es ist
kein Ausweg. Wer das Heil im Ich sucht, dem
ist Selbstsucht geboten.

Alles ich lebt nur durch Selbstsucht.
Alles Ich, blind durch
Ichheit, von Ichheit besessen, vermeint in
s-Ich das hoechste Gut zu
verteidigen--: zum Bewusstsein erwachende
Gottheit.

Darum ist zwischen Ich und Ich ewige Tat,
ewiger Widerstand,
ewiges Wirken, darum ist die Wirklichkeit
dieser Welt ewiger Kampf.

Darueber ist gesagt: "aus Verlangen und
Naehrung hat Brahma diese
Welt gebildet".

Das Verlangen ist Lust; das
Lust-verlangen ist endlos.

Wie ein Mann nach dem Weibe verlangt--und

Al Raschid- Das hohe Ziel der Erkenntnis.txt
wuerde er auch in
solchem Verlangen ganz zum Weibe--nicht
befriedigt ist, nunmehr nach
dem Manne verlangt, so verlangt das Ich nach
dem, was es nicht ist,
und wenn es das Verlangte erlangt hat, ist es
dennoch voll Verlangen.
Ich ist Verlangen, das Verlangen ist endlos.
    Ich verlangt nach Allem, was es nicht
ist. Ich, sich selbst im
Anderen verkennend, jagt nach sinnlich
sinnlosem Ziele--endlose
Taeuschung der Sinnenwelt--Sinnlosigkeit der
Sinnenwelt--sinnlos,
weil sinnlich.
    Alles Verlangen ist Verlangen zu sich,
alles Verlangen ist Ich
Verlangen. Es gibt kein selbstloses
Verlangen. Kein Ich ist leer von
Verlangen. Verlangen erfuellt, bewegt,
belebt, beseelt das Ich. Ich ist
nur durch Verlangen. Ich in aller seiner
Gestaltung ist Verlangen--
Ich, das verlangend, nie erlangt.

*

    Auf Einem Gedanken ruht diese Welt:
    Verlangen nach Wiedervereinigung mit
Gottheit; im Verlangen ist
Bindung und--Loesung dieser Welt.
    Nichts ausserhalb des Verlangens; nichts
was nicht im Verlangen zum
Ich in Beziehung steht. Verlangen ist
allueberall, Verlangen ist
allgegenwaertig, Verlangen ist immer.
Verlangen ist nie gestillt.
Verlangen birgt sich in allem Geschehen, in
aller Tat, in allen
Gestalten, unter allen Namen dieser
Welt--ver-Langen nach
ver-Einigung! sinnlich und seelisch.

Al Raschid- Das hohe Ziel der Erkenntnis.txt
Anziehung und Abstossung ist Verlangen,
bruenstige Wuensche--
inbruenstiges Gebet, Liebe wie Hass.
Niederste Gier ist Verlangen nach
dem Hoechsten. Tiefster Samsara hat hoechstes
Ziel: Eines ist was dich
--dich Koerper, dich Seele--zu Nahrung
treibt, zu Erwerb, zu Weib
und Kind, zu Macht, zu Entsagung, zu
Erkenntnis, All-Einheit,
Vollendung, nirvana.
Verlangen fuehrt dich in die Welt,
Verlangen haelt dich in der Welt
befangen, Verlangen fuehrt dich ueber diese
Welt des Verlangens hinaus.
Also geschlossen im Verlangen ist die ewige
Kette; also loest sich
aller Irrtum, alle Suende dieser Welt: durch
Verlangen ist Samsara,
durch Verlangen ist Nirvana.
Endloses Verlangen erscheint als endloses
Werden.

*

Ur-teil-Ich-er-Schein-ung lebt nur Einen
Gedanken:
Durch ur-Sprung--ent-Zwei-ung; durch
Entzweiung--ver-Langen,
nach wieder-ver-Ein-igung.
Alles Ich will sich, will Alles zu
sich,--en-will sich zum All.
Also haelt Verlangen nach Vereinigung zu
sich alles Ich
auseinander.
Durch Entzweiung--Vereinigung; durch
Vereinigung--Entzweiung
--Unergruendlichkeit--Ewigkeit des
Ur-sprungs.
Die Ich-bin-heit haelt Ich und Ich
auseinander. Asmita ist Schoepfer
dieser Welt. Keine Erloesung im Samsara.

Al Raschid- Das hohe Ziel der Erkenntnis.txt
Keine Seeligkeit, keine
Erloesung im Ich.
    Ur-Teil-Ich durch ur-Srung ab-geschieden,
unterscheidet: Ich--
Welt; sieht sich Bestand, Akasha; fuehlt sich
Verlangen, kama;--
unterscheidet in Akasha atmend: Zeit--Raum;
unterscheidet in Kama
atmend: eigenen Willen--fremde Kraft--
    Alle unter-scheidung durch ab-Scheidung
im ur-Sprung in ur-Teil
und Gegen-Teil.
    Sehend geworden erkennst du:
    Es ist der Welt, die dich lebt, Atmen:
    -- Atma --

*

    O Teurer, wie ich es dir zunaechst
dargelegt habe, so moegen wir
Menschen der Erscheinung nach-denkend, uns
der Wahrheit annaehern. Nur
dem tief ernst Suchenden enthuellt sich die
tiefe Lehre--upanishad--
der Menscheit Hoheziel--Hoheziel.

*

    So lautet in Aranada-Upanishad der dritte
adhyaya: Kama,
Verlangen; nunmehr Karma, Wirklichkeit.

IV.
WIRKLICHKEIT DIESER WELT
-- karma --

    Zu dem, was ich dir ferner zu sagen

Al Raschid- Das hohe Ziel der Erkenntnis.txt
gedenke, o Teurer, wisse:
einfach ist alle Wahrheit, Vielheit ist
Irrtum dieser Welt.

Wie das dichte Laubdach eines Urwaldes
vor einem stuerzenden Stamme
zerreisst und helles Tageslicht ploetzlich
die Daemmerung am Boden
ueberflutet--so brach bange Unwissenheit in
sich zusammen und
ueberstrahlte mich das Licht der Erkenntnis;
und was grosse Lehrer vor
mir als unausdenkbar erachtet hatten, als
unergruendlich, als ewiges
Geheimnis--trat in mir zutage, wuchs und
erstarkte zu voller
Erkenntnis. Gesegnet sei die Stunde, da ich
Gewissheit erlangte: also
ist, was sie Tatgesetz nennen, also ist
Wirklichkeit: Karma--
Freiheit des Tuns--eherne Notwendigkeit.

Und schon einmal habe ich solche
Erkenntnis ausgesprochen zu jenen
Zeiten, als der Koenig der Videha mich
befragte; aber unverstanden
blieb, was ich verkuendete, unerkannt in
seinen Tiefen--verlorene
Wahrheit offenbare ich dir wieder.

*   *   *

Aus ur-Sprung--: ur-Teil-Ich-Erscheinung;
aus ur-Teil-Ich--:
ver-Langen; aus Verlangen--: Tat
    -- KARMA --

*

Tat und Tatergebnis, Wirken und
Wirklichkeit dieser Welt--in
dir, o Teurer, als Lust und Leid bewusst, als
Tat und Duldung, als
Ursache und Wirkung, als Freiheit und

Al Raschid- Das hohe Ziel der Erkenntnis.txt
Notwendigkeit--in dir, o
Teurer, als vergeltende Gerechtigkeit der
Gottheit wach.

*

    Also ist die Unterweisung:
    Wie im dichtgeschlossenen Raume dein Atem
die Luft verdirbt und
die verdorbene Luft auf dich vergiftend
zurueckwirkt--
    --wie ein fliehender Feind, von dir
verfolgt, sich wendet und
dich aus Tat und Angriff zu Abwehr und Leid
zurueckdraengt--
    --wie das Geschoss der schwarzen Haut im
Wurf auf dich zurueckkehrt--
    --wie dein Schwert, am Widerstand
abprallend, dich selbst trifft--
    --also ist Karma: Tat und Widerstand,
Wirkung und Rueckwirkung,
Ausgleich, Vergeltung, ewige
Gerechtigkeit--Wirklichkeit dieser Welt.

*   *   *

    Karma, Wirklichkeit dieser Welt, wirkt
sich in dir aus Ursache und
Wirkung.
    Ursache und Wirkung erscheint mit dem
Zerfall in Ich und
nicht-Ich.
    Du empfindest eigner Tat Ursache in dir,
schaust eigner Tat
Wirkung ausser dir, am wider-Stand;
Widerstand ist Wirkung auf dich;
Wirkung auf dich begreifst du als fremder Tat
Ursache. Ursache wird
Wirkung, Wirkung wird Ursache. Die Tat
bedingt das Ergebnis, das
Ergebnis bedingt die Tat; Voraussetzung ist
Enderfolg; Folge ist

Al Raschid- Das hohe Ziel der Erkenntnis.txt
Bedingung. Alle Wirkung ist in der Ursache;
alle Wirkung ist
Widerwirkung, Ausgleich von Ursache und
Wirkung--Wechselwirkung--
wie zwei Muehlsteine sich aneinander
schaerfen.--Eines Vorganges
geschiedene Auffassung in dir, ur-teilende
Namen. Was du fremd
anschauend 'Ursache oder Wirkung' nennst,
nennst du beteiligt 'Willen
oder Unwillen' in dir. Je nachdem du
willig-un-willig tust oder
duldest, je nach Willen oder Unwillen in dir,
erscheint verschieden,
was Eines ist.
    Eines ist, was du willkuerlich
scheidest--Eines ist Tat aus dir
und Wirkung auf dich--Eines, was du seelisch
auslegst und was du dir
sinnlich vorstellst. Tuend nennt sich
Ursache, was leidend sich
Wirkung nennt, Beid-einheit--scheinbare
Zweiheit durch zwiefache
Benennung desselben.
    Vor der ewigen Ich-gegenwart erscheint,
was Eines ist, zu einer
zeitlichen Kette auseinandergezogen,
erscheint in Glieder zerstueckt--
ineinander greifende Glieder einer
unloeslichen Kette von Ursache und
Wirkung. Was in sich Eines ist, erscheint uns
zeit-raeumlich Schauenden
zu Aus-ein-ander-folge ausgedehnt.
    Es scheint, als sei Zerfall in Ur-teil
und Gegen-teil, als sei
Zu-stand und Gegen-stand, als sei Empfindung
durch Wirkung des
Empfundenen, als sei Folge und Folglichkeit.
Keine Zeit an sich, kein
Raum, keine Ursache, keine Wirkung, keine
Folge, keine Folglichkeit.
    Weil an sich keine Ursache ist, weil an

sich keine Wirkung ist,
darum ist keine Ursaechlichkeit an sich. Im
scheinbar bedingenden Worte
"weil" liegt keine Ursaechlichkeit; "weil"
besagt nur: der weile, das
ist: zur selben Zeit--nichts mehr. Im
scheinbar folgernden Worte
"darum" liegt keine Folgerung; "darum" besagt
nur: daherum, das ist:
am selben Ort--nichts mehr. Scheinbare
Zweierleiheit zur selben Zeit
am gleichen Ort ist Eines. Die scheinbar
bedingenden, scheinbar
folgernden Worte aller Sprachen besagen nur:
in Zeit und Raum
zusammenfallende Erscheinung,
Beid-einheit--nichts mehr. Raumanstoss
ist Zeitfolge--Selbeinheit, nicht
Folglichkeit.
    Was du Ursaechlichkeit, Folge,
Folglichkeit nennst, ist Fluss
lueckenloser Empfindung in dir, endlos in
Einhauch und Aushauch atmende
Willensbeziehung zum endlos aus dir
geschaffenen Gegen-stand.--
Nichts in der verlangenden Sinnenwelt, was
nicht in Beziehung zu
deinem Verlangen steht. Sinnliche Erscheinung
ist Ausdruck deines
seelischen Verlangens; Eines, durch rastlos
irrendes Verlangen
geschieden, und so, seelisch geschieden,
sinnlich als Verschiedenheit
geschaut. Wechselnde Eigenschaffung in dir
erscheint ausser dir als
Wechsel der Beschaffenheit; zu-Stand und
gegen-Stand bedingen
einander; aendert sich dein Seelenzustand, so
aendert sich deinen Sinnen
der Gegenstand--erfasse es wohl: beides ist
Eines.
    Folglichkeits-erscheinung ist sinnliche

Anschauung des Wechselnden
im Beharrenden; Selbeinheits-erkenntnis ist
seelisches Erschauen des
Beharrenden im Wechselnden. Anscheinende
Gesetzmaessigkeit ruht auf
Vielheitstaeuschung, das ist: deiner
sinnlichen Auffassung
zeit-raeumliches Aus-ein-ander-fallen des in
sich Einheitlichen.
Folglichkeit--nur aus-ein-ander-gezerrtes
Bild der Selbigkeit; ein
Hinweis, dass Raum und Zeit blosse
Erscheinung sei und nicht in sich.
Kein Folglichkeitsgesetz dem Wissenden.
     Zerfall in Ursache und Wirkung erscheint
mit dem Zerfall in "Ich
und Du" im Ursprung; erscheint mit dem
Zerfall des Ich in Zeit und
Raum.--Wie Nacht dem Tage folgt und Tag der
Nacht, so folgt in
endloser Flucht des Geschehens Wirkung auf
Ursache und Ursache auf
Wirkung. Ursache bewirkt und Wirkung
verursacht. Wie einer Sohn seines
Vaters ist und Vater seines Sohnes, Vater und
Sohn zugleich, so ist
Ursache Wirkung und ist Wirkung
Ursache--Wirkung und Ursache
zugleich.
     Vieler Worte bedarf es,
Selbstverstaendliches darzulegen: Eines ist
Ursache und Wirkung--willkuerliche, an sich
nichtige Unterscheidung
in dir; doppelte Benennung des Einen, zwei
Worte fuer dasselbe:
Wirklichkeit, Karma--durch dich--auf dich
wirkend; Kreislauf des
Verlangens.

*   *   *

     Und ferner, o Teurer, Karma, Wirklichkeit

Al Raschid- Das hohe Ziel der Erkenntnis.txt
dieser Welt wirkt sich
in dir aus Freiheit und Notwendigkeit.
    Freiheit des menschlichen Tuns, o Teurer?
oder unabwendbare
Gesetzmaessigkeit alles Geschehens? Offenbar
wird dem Erkennenden die
Loesung der grossen Frage an aller
Gestaltung, in jedem Vorgang, an
allem Werden, an allem Sein. Dasein; alles
Gewordene aus gebundener
Freiheit. Du durchschaust das Raetsel am
aufsteigenden Opferrauch, am
Lauf der Gestirne, am Monde, an jeder Zelle.
Alles Gebilde ist davon
Bildnis; Urbild aller Gebilde--der
Zwoelfflaechner.
    Erwaege es wohl! So lange du die endlose
Flucht der Erscheinung
'teilend' zu beherrschen glaubst, so lange
irrst du im Wege zu
Erkenntnis--: 'einigend' nahst du dem
Hohenziel.
    Erwaege es wohl! Nur die voll erkannte
Lehre loest dich aus den
Fesseln der Unwissenheit--: nicht eher
offenbart sich dir das
Geheimnis; nicht eher erwachst du aus
vieltausendjaehrigem Schlummer.
    Nicht ueberliefert wurde mir die Lehre
von der Gemeinschaft
schauender Meister; aus dem Urquell alles
Gedankens ward mir die
Loesung, die seit dem Erwachen der Menschheit
gesuchte.

*

    Also ist die Unterweisung:
    Wie ein Ball, aufschlagend, sich
abflacht--
    --wie runde Beeren, in der Traube
zusammengedraengt, zu kantigen

Al Raschid- Das hohe Ziel der Erkenntnis.txt
Formen auswachsen--
   --wie Wasserblasen im Schaumballen,
einander bedraengend, aus der
erstrebten Kugelgestalt mit Notwendigkeit zu
Zwoelf-flaechnern werden--
   --wie die gewollte Kreisform dicht
aneinandergeschlossener
Bienenzellen sich mit Notwendigkeit zum
Sechseck gestaltet--
   --so widerfaehrt dem Ich im nimmer
endenden Verlangen, nach allen
Seiten frei und ungehemmt sich
auszubreiten,--notwendig Hemmung von
allen Seiten, von allen Gegen-staenden
Widerstand--
   --so gestaltet sich, was du Freiheit
nennst, zu Notwendigkeit;
das ist: durch freien Willen Aller--notwendig
gebundener Wille Aller--
   und du erkennst:
Aller Freiheit ist Aller Notwendigkeit.
   Dies ist Loesung der grossen Frage, um
die du mich angingst:
Freiheit des Willens oder unabweisbare
Notwendigkeit alles Geschehens
--restlose Loesung. Was unergruendlich
schien, was Jahrtausende vor mir
Morgen- und Abendland, alte und neue Welt,
Rishi und Mahatma,
vergeblich suchten--gefunden ist die Loesung
des tiefen Raetsels,
durchschaut der Widerspruch, erkannt die
Einheit im Gegensinn.

*

   Einfach ist alle Wahrheit:
Freiheit--zu-Stand des Ich,
Notwendigkeit--gegen-Stand. Als frei getan
empfindest du, was dein
eigen, als notwendig geduldet, was dir
entfremdet; Freiheit, was du

Al Raschid- Das hohe Ziel der Erkenntnis.txt
willig in dir, Notwendigkeit, was du unwillig
als draussen erachtest.
Im Bereich des Ich-bewusstseins heisst
Freiheit, was darueber hinaus, dem
Weichbild des Ich in Raum entwichen,
Notwendigkeit heisst.
    Aller Ich bewegt frei den eigenen Willen,
Aller Ich empfindet sich
mit Notwendigkeit bewegt vom frei bewegten
Willen Aller.
    Freien Willen, also gehemmt, empfindest
du als Unwillen;
empfundenen Unwillen legst du aus als fremder
Kraft not-wen-dige
Wirkung; auf dich rueckwirkende Freiheit
nennst du Notwendigkeit;
Wirkung aus dir--Wirkung auf dich.--Was du
frei aus dir tust,
bindet dich notwendig.
    Freier Wille durch gegen-Stand
not-wend-ig bestimmt; freier Wille
in der Sinnenwelt gebunden.
    Was ich will, will ich frei--ist Freiheit
und Lust; was ich
wider meinen Willen dulde, ist Unlust,
Beschraenkung, Notwendigkeit. Je
nachdem ich dem maechtigen Zuge der Welt
willig folge oder unwillig
widerstehe--je nach dem ich willig-un-willig
umfasse oder
un-willig-willig entlasse--je nach meinem
Ziel im Verlangen--
erscheint verschieden, was Eines ist.
    Was du in dir freien Willen oder fremden
Willen ausser dir nennst,
ist einheitliche Beziehung inzwischen Ich und
Ich, von beiden Seiten
gleichzeitig als eigene Freiheit, von beiden
Seiten gleichzeitig als
fremder Zwang empfunden.
    Kein Gesetz dem Wissenden:
    Aller Freiheit ist aller

Al Raschid- Das hohe Ziel der Erkenntnis.txt
Gebundenheit--Aller Wille ist Aller
Gesetz.
    Davon ist gesagt: "Gebunden ist Seele
durch Seele." Was sie Gesetz
nennen, ist gehemmtes Verlangen.

*

    Es verlangt dich im Zuge der Welt zur
Erscheinung--es verlangt
dich zur Erscheinungswelt hinaus. Je nachdem
du voreilst oder
zurueckbleibst, je nach deinem zustimmenden
oder abweisenden Verlangen
erscheint dir das Werden-ver-Werden der Welt
als eigenes Wirken aus
dir oder als fremdes Wirken auf dich--je nach
seelischer oder
sinnlicher Auffassung--verinnerlicht oder
entaeussert.

    *

    Hinfaellig ist aller Streit, der feste
Bau ist gegruendet. Freiheit,
zu Ende gedacht, ist Notwendigkeit;
Notwendigkeit, zu Ende gedacht,
ist Freiheit.
    Eines ist, was du zwiefach benennst:
Freiheit und Notwendigkeit,
willkuerliche, in sich nichtige
Unterscheidung in dir.
    Dein Verlangen schafft was du Freiheit,
dein Verlangen schafft was
du Notwendigkeit nennst. Karma, Wirklichkeit
dieser Welt willig in
dich aufgenommen scheint 'freie' Wirkung aus
dir; Karma unwillig
abgewiesen ist notwendig Wirkung wider dich.
    Freiheit und Notwendigkeit
ununterschieden in sich, weder das
eine, noch das andere, Eines doppelt benannt,

Al Raschid- Das hohe Ziel der Erkenntnis.txt
zwei Namen fuer das Selbe
--; unendliches Verlangen--endloser
Widerstand--Karma in dir
atmend.
Verloren ist Freiheit--gewonnen ist
Freiheit; du selbst bist
Herr und Gesetz, du selbst bist
Schoepfer--Vernichter. Atma ist sich
selbst Gesetz.
Noch einmal: Gib es auf, die Welt zu
durchschauen, ehe dir die
volle Erkenntnis von Karma auf geleuchtet
ist.

*   *   *

Und ferner, o Teurer! karma, Wirklichkeit
dieser Welt wirkt sich
in dir aus Tun und Dulden. Ich Dasein ist
Tat. Tat erfuellt das Ich,
Tat bewegt, belebt, beseelt das Ich. Ich ist
nur durch Tat. Ich in
allen seinen Gestaltungen ist Tat. Alle Tat
ist Ich-Tat; keine Tat ist
selbstlos.
Keine Tat geschieht um ihrer selbst
willen: du tust, um durch Tat
zu Tat-Frieden zu gelangen. P. W.
Tat ist Frucht des Verlangens, das
Verlangen ist endlos. Keine Tat
bringt das Heil. Kein Tun stillt das
Verlangen; Verlangen ist ewig
wach; Befriedigung ist ewig Taeuschung.
Unerreichbares waehnst du durch Tat zu
erreichen. Tat foerdert neue
Tat. Tat fordert neue Tat. Tat fuehrt endlos
zu Tat. Jede erfolgte Tat
fesselt dich an den Erfolg der Tat. Tat
verschuldet dich irdischen
Maechten. Unselig ist alle Tat--eine ewige
Kette. Alle Tat, gute wie
boese, schafft neues karma. Keine Erloesung

Al Raschid- Das hohe Ziel der Erkenntnis.txt
durch Tat--tuend wirkst du
diese Welt.

Darum ist gesagt: "der boes Handelnde,
der gut Handelnde bleibt
durch sein Tun gebunden."

Darum sagt Shamkara, der Lehrer: "die
Seele von Boesem und Gutem
befleckt."

"Seele wird nicht hoeher durch gutes
Werk, Seele wird nicht
geringer durch boeses Werk."--"Sein Reich
leidet durch keine Tat
mehr; ueber Gutes und Boeses--ueber beides
ging der Vollendete hinaus."

Darum sagt Shri-shagavad-gita-upanishad:
"alles Tun ist von Schuld
umhuellt."

Darum spricht die Gottheit Krishna: "ich
bin ausserhalb dieses
Tuns."

Darum lehrt des Heilweges Buch: "das
Hoechste ist ohne Tun." "Wer,
solches wissend, von Gutem und Boesem sich
rettet, der rettet sich von
Sinnen zu Seele; der rettet sich zu Atma, der
solches weiss."

*

Ich rede zu Suchenden, zu dir, o
Schueler! draussen Stehenden ein zu
bewahrendes Geheimnis. Ehe du es wagst von
Tat zu lassen, erfasse die
Lehre wohl.

Der Gedanke dieser Welt ist suchendes
Verlangen; blind irrende
Gedanken des Verlangens walten uebermaechtig
allueberall. Was von
Gedanken seelisch sinnlich in dir haftet,
lebt, schlaegt Wurzel in dir,
schafft sich zu deiner Seele. Es denkt und
will und handelt in dir.

Al Raschid- Das hohe Ziel der Erkenntnis.txt
Irresuchenden Gedanken Staette gewaehrend,
irrst du im Wege zum
Hohenziel.
    Sei taetig so lange dir Tat Befriedigung
gewaehrt; sei taetig, doch
sei nicht in der Tat. Wahre die Ruhe deiner
Seele--unberuehrt von Tat
und Taterfolg--selbstvergessen. Also tuend
wird dir Erkenntnis von
Tat--Tat ohne Taeter. Von Leid und Tat
ungeblendet wirst du sehend.

*

    In dir, o Teurer, waechst mit jeder neuen
Erkenntnis der Gedanke:
'unausfuehrbar in diesem Leben ist die
Lehre'.
    Nun wohl! Wende dich von diesem Leben ab,
das dir des Lebens
hoechstes Gut versagt: 'Seelenfrieden'. Suche
hoeheres Ziel! Du selbst
bist Schoepfer und Vernichter. Aus deinem
Verlangen schaffen sich die
Welten; dein Verlangen schafft diese, dein
Verlangen schafft andere
Welten.

*   *   *

    Was ist, ist durch Gegensatz: dass die
Welle sich hebe, muss ein
Wellental sich bilden. Tat ist unabloesbar
von Leid; kein Tun ohne
Dulden. Ich-dasein ist Tat und Duldung.
    Tat ist am gegen-Stand; Tat ist gegen
wider-Stand. Was dem Taeter
Tat und Lust ist, ist Leid und Duldung dem
Widerstehenden. Aller Frass
ist Fressen und Gefressenwerden. Lust und
Leid ergaenzt sich in Taeter
und Dulder.

Al Raschid- Das hohe Ziel der Erkenntnis.txt

Alle Tat ist Frucht des Verlangens: das Verlangen treibt dich; den
Trieb erleidend, tust du. Tuend leidest du und leidend tust du. Leid
aus sich hinaus verlegt, nennt sich Tat.

Wir blinden Menschen erkennen das Leid nicht, wenn wir es Tat
nennen.

Durch Tat ist Leid, durch Leid Tat. Ich tue das Leid, ich leide
die Tat. Ich tue oder dulde Leid. Ich leide, weil du mir Leid antust;
ich leide, wenn du mir leid tust. Ich mache mich selbst leiden. Ich
empfinde mich ausser mir, ich leide in dir.

Darum sagt Shankar-atscharya, Verehrung sei ihm: "Tat--dem Wesen
nach Leid". Tat und Widerstand--zwiefach Leid.

Leid fordert Lust--Lust fordert Leid.

Lust--fremdes Leid, Leid--fremde Lust; Lust ist Wirkung aus
dir, Leid--Wirkung auf dich. Der Hammer ist zum Schlag, der Amboss
zum Widerstand bestellt. Im Hammer Lust und Leid, im Amboss Leid und
Lust. Darum ist Ein Wort fuer beides: ashma.

Was deiner Empfindung-Anschauung gegensaetzlich erscheint, Duldung
wie Tat, waechst aus derselben Wurzel, unterschieden nur durch
unterscheidende Benennung, wie Wille und Unwille, wie Ursache und
Wirkung, wie Freiheit und Notwendigkeit, wie Zeit und Raum, wie oben
und unten--unterscheidende Namen in dir--Zerfall im Ur-sprung in
Ich und Du.

*

Eines in sich ist, was du in karma mit

Seite 88

gegenteiligen Namen
bezeichnest; Eines, was du verlangend Lust,
abweisend Leid nennst;
dasselbe un-willig-willig getan,
willig-un-willig gelitten.
    Was von Gedankenwellen dir willkommen
zustroemt, erbaut dich, baut
das Ich in dir; was dir behagt, was du
willfaehrig aufnimmst, was du
zustimmend, bejahend, wohlwollend umfasst;
was du einwilligend dir
aneignest, was sich dir willig fuegt, was dir
zu Willen ist, was dein
Wille, was du selbst bist, gebaert in dir,
deine Seele bewegend--:
Zeit, Ursache, Freiheit, Tat und Lust--du
tust, dein
gegen-Ich-duldet.
    Was, aus deinem Willen geboren, zu
Unwillen in dir wird, was dir
als Widerwille Abbruch tut, was dir entgeht,
was du unwillig hingibst,
unwillig entbehrst, was du widerstrebend
empfindest, was dir
widersteht, was erwidert, anwidert, was
widrig, widerwaertig ist, was
wider deinen Willen geschieht, wendet sich
gegen dich, gewinnt Macht
ueber dich, unterdrueckt dich--aus dem Raum
deine Sinne bewegend--
als Duldung und Leid, Wirkung fremder Tat,
Notwendigkeit--dein
nicht-Ich tut, du duldest.

*

    Du irrst in anfang-endlosem Kreislauf der
Erscheinung; du irrst
nach Lust, und irrend--irrst du. Dich
geluestet und du wandelst,
lustbefangen, deine Empfindung zur
Vorstellung, deine Einbildung zur

Al Raschid- Das hohe Ziel der Erkenntnis.txt
Anschauung, zu-Stand zu gegen-Stand; Wille
wird Kraft, Zeit wird Raum,
Ursache Wirkung; du schaffst, lustgebunden,
Zwang, Gesetz, Duldung,
Notwendigkeit; es ist Schrecken und Qual,
Nacht und Tod.
    Dich geluestet und du ziehst das
Abgestossene, Unlust, Gegenstand,
Raum, Kraft, Wirkung, Notwendigkeit Gewordene
wieder zustimmend an
dich an; nimmst, wider-Stand aufgebend, den
Gegensatz wieder wollend
in dich auf; wandelst Vorstellung zu
Einbildung, wandelst Anschauung
zu Empfindung;--durchbrochen ist der Zauber;
fremder Gegenstand ist
eigener Zustand, was fern schien, ist in dir,
was zu fallen schien
steigt an, was niederging geht auf und alles
Geschehen, was
Rueckbildung schien wird Entfaltung, was
Vernichtung--Entstehen;
Kraft wird zu Willen, Raum wird zu Zeit,
Wirkung wird Ursache, Duldung
--Tat, Notwendigkeit--Freiheit, und was du
Leiden und Tod nanntest,
ist Leben und Lust.
    Du wandelst aus eigener Kraft
schlaftrunken in eigener Schoepfung;
und wandelnd wandelst du dich selbst,
wandelnd wandelst du die Welt.

*

    Freudvoll sind diese Welten--doch
vergaenglich sind Freuden
dieser Welt; vergaenglich wie Blueten,
welkend wie Jugend, enttaeuschend
wie Liebesgenuss.
    Grauenvoll sind diese Welten,
wahnbefangen, not und leiderfuellt;
ganz im Banne nimmergestillten Verlangens,

Al Raschid- Das hohe Ziel der Erkenntnis.txt
ganz im Banne ewig
friedloser Tat, allen Schrecken preisgegeben,
preisgegeben dem Tode.
--Eine Welt, in der aller Sieg auf Niederlage
ruht, alle Freude auf
Schmerz, alle Lust auf Leid, alles Leben auf
Vernichtung: vom
Brunstschrei bis zum Todesroecheln--eine Welt
aus Gier und Frass, aus
Angst und Flucht, aus Kampf und Qual; ein
ewig stuermendes Meer--
unabsehbar an Raum, endlos an Zeit--an
rastlos quellendem Leben
uebervoll--nur von Einem Gedanken erfuellt,
voll nimmer gestillter
Gier, ringsum zu toeten! und toetend zu
leben! Henker und Opfer
zugleich, wir blinden Menschen. In allen
Hoellen und allen Erden dieser
Welt--in allen Himmeln!--eine Welt, die sich
selbst frisst--nie
auszumessendes Mass von Leid.--Wohl dir--wehe
dir, dass du blind
bist!
    Wie vermoechte wohl, o Teurer, eine Welt
auf tieferem Grauen zu
ruhen? Wie vermoechtest du wohl, o Teurer,
eine Welt zu ersinnen,
grauenvoller als diese? Welten, die andere
Welten verschlingen, selbst
von anderen Welten verschlungen werden.
    Grauenvoll sind diese Welten, doch
vergaenglich ist alles Grauen.
Grauenvoll sind diese Welten;--alles Grauen
dieser Welten ruht auf
Lust!

*

    Die, erkenntnislos, sich zu Lehrern
aufwerfen, reden von guten,
reden von schlechten Welten; Toren klagen

Al Raschid- Das hohe Ziel der Erkenntnis.txt
ueber Verschlimmerung dieser
Welt, Toren traeumen von einer Besserung
dieser Welt--einer Welt, die
ewig auf Verlangen und Widerstand ruht, ewig
auf Tat und Duldung, ewig
auf Lust und Leid.

   Dieser Welt Dasein ist durch ur-Sprung,
durch zwie-Spalt; durch
ent-Zweiung ist diese Welt, durch gegen-Satz,
durch wider-Spruch. Wie
vermoechte, o Teurer, bei Menschen, bei
Goettern, in Felsen oder
Pflanzen, Tat zu schwinden, da Verlangen
lebt? Wie vermoechte in der
Welt Leid zu schwinden, solange Lust und Tat
lebt? Wie gaebe es ein
Wirken ohne Ziel, Verlangen ohne Tat, Tat
ohne Widerstand, Widerstand
ohne Leid? Wie vermoechtest du, o Teurer, in
dieser Welt Sieger zu sein
ohne Besiegten? Wie ein Selbst ohne
Selbstsucht? Ein Ich ohne Du? Wo
in dieser Welt weisst du ein Leben ohne Tod?
   Die Welt ist durch Kampf, Leben durch
Vernichtung, aller Aufbau
durch Zerstoerung, alles Entstehen durch
Vergehen: --in allem Werden
liegt ver-Werden. Wie vermoechtest du dieser
sich also gestaltenden
Welt in die Arme zu fallen? Wie vermoechtest
du, o Teurer,--Zeit und
Raum durchschauend--solcher Taeuschung
nachzuhangen?
   Erblinde fuer diese Welt! von dieser Welt
ungeblendet wirst du
sehend.

*

   Wir Menschen steigen an zu Goettern und
ueber Goetter hinaus und mit
uns steigt alle Gestaltung dieser Welt. Was

wir heute Tier oder leblos
nennen, ist dann Mensch--Mensch, wie wir
heute Menschen sind, mit
all unserer Lust und Qual. Menschen steigen
an zu Goettern und Menschen
bleiben im ewigen Kreislauf und Welt bleibt
Welt--ewig wie heute--
ewig nach Erloesung duerstende Seele. Ein
unabsehbar ewiger Strom, von
Welten und Wesen, der, das All durchmessend,
in seiner eigenen Quelle
muendet.

Wie Meeresatem: Flut folgt auf Ebbe, Ebbe
auf Flut; Meeresbewegung
wohl, doch keine Fortbewegung des Meeres.
Wohl ist Ziel-Bewegung
innerhalb dieser Welt, doch keine
Fortbewegung der Welt--wohin auch,
wenn nicht ueber die Welt hinaus?

Wohl ist hier oben, doch ist kein oben
allein. Wohl ist jetzt
Flut, doch Flut ist durch Ebbe; wohl tagt es,
doch Nacht war es vor
Tag und Nacht folgt dem Tage und Nacht ist es
bei Tag.

Nicht Tag allein ist Leben und Welt,
Nacht nicht die Kehrseite des
Tages: ewig ist Tag und Nacht zu gleich. Aus
Einhauch und Aushauch ist
Atem, aus Flut und Ebbe Meeresbewegung, aus
Tag und Nacht, aus Lust
und Leid die atmende Welt.

Der Nacht Schlaf ist Erwachen des Tages,
Vergehen des Tages ist
Entfaltung der Nacht: Was Entwicklung scheint
ist ewiger Kreislauf
Einheit in sich, in dir unterscheidende
Namen.

*

Verlangen in dir aeussert sich, Wille aus

Al Raschid- Das hohe Ziel der Erkenntnis.txt
dir gewinnt ausser dir
Gestalt, Tat aus-gefuehrt, im gegen-Stand,
selbstaendig geworden, stellt
sich als eigene Kraft wider dich. Bewusster
Wille wandelt sich--aus
deinem Bewusstsein entlassen--zu auf dich
wirkender Kraft. Aus dir
geboren, dein eignes Kind legt Hand an dich.
Du wirst von dem
ergriffen, was du ergreifst; du bist dem zu
eigen, was du dein eigen
nennst, und was du schlaegst, schlaegt dich.
Dein Werk, aus dir gewirkt,
ist Wirklichkeit und wirkt auf dich zurueck.
     Vorstellend wirkst du und wirkend stellst
du vor. Vorstellung ist
Wirkung aus dir; gegen-staendlich
Vorgestelltes ist Gegenstand;
Gegenstand widersteht; Widerstand ist Wirkung
auf dich. Wirkend wirkst
du auf dich selbst. Freier Wille, als
Unwillen aus dir entlassen,
noetigt dich, sich gegen dich wendend, als
Not-wend-igkeit--karma.
--Alle Tat, alles Wirken, alle Wirklichkeit
ist wider dich selbst.
     Darum ist gesagt: "gebunden ist Seele
durch sich selbst."
     Du tust und leidest deine Tat; alle Tat
aus dir trifft dich
selbst. Was du dem Andern zu tun
vermeinst--Gutes wie Boeses--tust
du dir selbst. Deine Tat ist dein Urteil,
deine Tat ist dein
Schicksal. Alles Geschehen dieser Welt--der
Gottheit ewig
ausgleichende Gerechtigkeit--karma.
     Darum ist gesagt: "Vergeltung der Tat am
Taeter."
     Darum ist gesagt: "das Trinken der
Vergeltung."
     Darum wird gesagt: seine Lust buessen.

*

    Im verlangenden Ich wirkt sich das Werden
dieser Welt.
    Alle Wirklichkeit ist atmendes Verlangen
in dir; in dir ist alles
Geschehen und alles Geschehens Wertung. Die
ganze Welt ist Inhalt
deiner Seele, Ausdruck deines Verlangens,
Abbild deiner selbst,
sinnliche Ent-Gegnung seelischer Bewegung in
dir. Deine Vorstellung,
dein Verhalten, deine Auffassung, Gesinnung,
Neigung--deine
ueber-Zeugung--schafft unterscheidende Namen
und unterschiedene
Dinge. Eins an sich ist, was du Ursache oder
Wirkung, Freiheit oder
Notwendigkeit, Tat oder Duldung, Leben oder
Tod nennst.
    Du selbst bist Ur-sache; aus deinem
Verlangen schaffen sich die
Welten.
    Dein Verlangen schafft Alles, dein
Verlangen wandelt Alles.
Endloses Verlangen in dir erscheint als
endloses Werden. Aus deinem
Verlangen wird die Welt--erscheint und ist.

*

    Alles Wirken und Geschehen--in dir, o
Teurer, alle Bewegung und
aller Stillstand, alle Unterscheidung und
aller Wandel--in dir, o
Teurer--Werden ver-Werden--in dir. Im
Weichbild deiner Welt
spaltet Alles, spielt Alles gegen einander,
haelt Alles sich die Wage;
alle Tat findet Vergeltung, alles Geschehen
gleicht sich aus, aller

Al Raschid- Das hohe Ziel der Erkenntnis.txt
Gegensatz hebt sich auf, alles Aussereinander
kehrt in sich zurueck, wie
Wellen sich ebnen.

Dieser Welt Gleichgewicht im ewigen
Kreislauf durch ur-Teil und
gegen-Teil; Vergeltung durch Ausgleich,
Frieden durch Gleichmut--in
dir, o Teurer, als ewige Gerechtigkeit, als
Tugend und Glueck, als
Erkenntnis und Weisheit wach.

Aller Gegensatz und aller Ausgleich ist
in dir, o Teurer.

Wie auch Verlangen und Tat, wie auch
Liebe und Hass, Lust und
Grauen, Leben und Tod dieser Welt gegen
einander stuerme--der Welt
Wesen ist unbewegt. Wie auch Tag und Dunkel
dieser Welt wechsle--dem
Wissenden leuchtet ewiges Licht.--

*

Du erkennst:
Was du in karma mit widersprechenden
Namen belegst, ist
willkuerliche, in Gegenteile auseinander
spaltende, an sich nichtige
Unterscheidung in dir--

Was von solchen Unterscheidungen--in dir
als Urteil--ausser dir
als Eigenschaft der Dinge erscheint, ist nur
Kennzeichnung deines
wechselnden Verlangens, deines wechselnden zu
Standes zum
selbstgeschaffenen gegen-Stand.

Eines ist, was
du--urteilend--willkuerlich scheidest; Eines,
was du durch Willensgegensatz in dir zu
Gegensaetzen ausser dir praegst:
Willensgestaltung; dein Willen und was wider
deinen Willen, wieder
dein Wille ist.

Al Raschid- Das hohe Ziel der Erkenntnis.txt

Urteil und Eigenschaft der Dinge und des
Geschehens ist deine
Empfindung und Widerspiegelung deines
Innen-Befindens; ist deine
Einbildung und nach aussen
Verlegung--Auslegung deiner Einbildung,
das ist Vorstellung; unbewusst bewusste
Einbildung, bewusst unbewusste
Vorstellung.

Eigen Geschaffenes legen wir den Dingen
bei und nennen es der
Dinge Eigenschaften; eigen
Gewirktes--Wirklichkeit dieser Welt.

Ich aus s-Ich wirkend, wirkt die
Wirklichkeit dieser Welt--Ich
ist karma.

Du selbst bist Ur-sache: bist Anziehung
und Abstossung, Liebe und
Hass; Lust und Leid ist Abbild deiner selbst,
dein Werden ver-Werden.
Einheit an sich--in dir unterscheidende
Namen. In deinem Herzen sind
die Auseinandertretungen, Unterscheidung
deine eigene Schoepfung. Nur
in deiner Empfindung ist Wandel, nur in dir
ist Leben und Atem, nur wo
du bist, ist Welt: Spiel deiner Seele,
lebendige Schoepfung aus eigner
freier selbstherrlicher Kraft.

Du erkennst dich Atma in allen Namen, du
erkennst dich Atma in
allen Wesen dieser Welt: das Alles bist du,
endlos an Gestaltung und
Zahl.

Darum ist gesagt: "Himmel und Erde in
deinem Herzen."

*

Durch ur-Sprung--ur-Teil, sich
ab-scheidend unter-scheidet: Ich
--Welt; weiss sich Bestand--Akasha; fuehlt

Al Raschid- Das hohe Ziel der Erkenntnis.txt
Verlangen--Kama; erfaehrt
Wirklichkeit--Karma; unterscheidet in Akasha
atmend: Zeit und Raum;
unterscheidet in Kama atmend: Wille und
Kraft; unterscheidet in Karma
atmend: Tat und Duldung--: all-so
ur-Teil--gegen-Teil atmend wirkt
s-Ich in dir die Wirklichkeit dieser Welt.
    Alle unter-Scheidung durch ab-Scheidung
im ur-Sprung;--alle
ver-Schiedenheit, alle Umwandlung, alle
Vielheit blosse Worte, nur
Namen--Eines ist es in Wahrheit.
    Sehend geworden erkennst du:
    Es ist der Welt, die dich lebt, Atmen:
    -- atma --

*

    So, o Teurer, moegen wir Menschen, die
Erscheinung durchschauend,
uns Karma vorstellen. Vorstellung, nicht
letzte Erkenntnis. Weg zur
grossen Lehre, draussen Stehenden ein zu
bewahrendes Geheimnis--
verhuellte Wahrheit--upanishad.

*   *   *

    So lautet in aranada-upanishad der vierte
adhaya: Karma,
Wirklichkeit; nunmehr: Manas, Verstand und
Urteil.

V.
DER URTEILENDE VERSTAND
-- manas --

Zu dem was ich dir nunmehr zu sagen
gedenke, o Teurer, behalte vor
Augen:
Geringes Verstaendnis spricht durch uns
Menschen: Von Trugbildern
unserer Sinne geblendet, taumeln wir, einer
geaengstigten Herde gleich,
dahin und dorthin, von Torheit zu Torheit,
wie Blinde von Blinden, wie
Irre von Irren gefuehrt.--
Sagt dir Jemand: zu verwerfen sei diese
Lehre, sie hebe den
Unterschied zwischen Recht und Unrecht auf,
sie preise nicht das Gute
und verabscheue nicht das Boese--so antworte
ihm: diese Lehre lehrt,
ueber Recht und Unrecht hinaus, der
Menschheit hoechstes Ziel--
Selbstlosigkeit.
Und gewiss: festgefuegt ist der Grundbau
dieser Lehre,
unerschuetterlich, auf dem Grunde, der unsere
Welt traegt. Ist das Eine
so ist das Andere--untrennbar; untrennbar ist
Erloesung von dieser
Lehre vollem Erleben.

*

Durch ur-Sprung:
ur-Teil-Ich-er-Scheinung; aus ur-Teil-Ich:
ver-Langen: --Tat; aus Tat-widerstand:
--Verstaendnis.
-- MANAS --

*

Manas--Denktaetigkeit dieser Welt, Namen
des Bewusstseins:
Unterscheidung, UEberlegung, Erwaegung,
Einsicht, Verstand und Urteil.

Al Raschid- Das hohe Ziel der Erkenntnis.txt
    Also ist die Unterweisung:
    Ich komme auf Gesagtes zurueck, o Teurer:
widersprechend ist der
Wille in den Beiden, die von getrenntem
Standort aus--verstaendnislos
--einander bekaempfen; widersprechend auch
das Urteil.
    Ich, siegend, will die Tat, und sein
Urteil ist seinem Willen
gemaess: "du bist meine Nahrung, ich toete
dich, es ist mein Recht".
    Ich, unterliegend, enwill die Tat, und
sein Urteil ist seinem
Willen gemaess: "du darfst mich nicht toeten,
es ist Unrecht und boese."

*

    Du erwaegst zunaechst das Urteil im Raum
erscheinend:
    Der Gedanke in beiden ist Einer:
Ich-Bestand, Ich-Verlangen,
Ich-Tat; Bestand, Verlangen, Tat steht in Ich
und Ich sich selbst
gegenueber.
    Im Einen wie im Andern derselbe Wille,
dieselbe Tat--
widersprechendes Urteil. Jeder der Beiden
will die Tat tun, Keiner der
Beiden will die Tat dulden. Wer angreift und
siegt, lobt Wollen und
Tun; wer abwehrt und erliegt, schilt Wollen
und Tun. Hier Lob, dort
Tadel; Recht dem Einen ist Schuld dem Andern.
    Urteil widerspricht sich im Raum.--

*

    Ferner: Urteil in der Zeit erscheinend:
    Je nachdem Ich Angriff-Abwehr aufnimmt
auf gibt, gestaltet sich
das Urteil im Ich.

Al Raschid- Das hohe Ziel der Erkenntnis.txt
    Ich, das angreifend die Tat tun will,
Ich, das angegriffen die Tat
nicht dulden will--wechselt seinen Stand zur
Tat: will, was es dem
Andern antun wollte, nicht mehr tun; will
selbst erdulden, was der
Andere von ihm erdulden sollte--will dulden,
nicht tun. Mit
gewechseltem Standort wechselt der Wille, mit
gewechseltem Wollen
wechselt das Urteil. Ich schilt, was es
lobte, Ich lobt, was es
schalt.
    Urteil wechselt in der Zeit.--

*

    Und ferner: Urteil in sich:
    Je nach dem vierfachen Standort des Ich
im Verlangen, je nach
zwiefachem Stand des Ich in sich, je nach
zwiefachem Stand des Ich
ausser sich, ist die Beziehung des Ich zum
gegenstaendlich aufgefassten
Gedanken, ist Willen und Urteil des Ich. Ein
und das selbe Ding, das
selbe Tun, der selbe Vorgang, Ein Geschehen,
Ein Gedanke erscheint im
Ich als verschieden, als in gegen-Teile
zerfallen, als Zweierlei, je
nach dem Willensstandort des Ich zum
Gedanken--je nachdem der
Gedanke dem Ich als Gegensatz zu sich, oder
als Gegensatz in sich, als
fremder Gegenstand oder als eigener Zustand
erscheint. Der
einheitliche Gedanke: 'Frass' wird zweierlei:
'Frass an dir--Frass an
mir, fressen und gefressen werden'.

*

Al Raschid- Das hohe Ziel der Erkenntnis.txt
     Das selbe Eine unveraenderte Ich urteilt
ueber den selben Einen
unveraenderten Gedanken vom selben Standort
zur selben Zeit--
zwiefach; zwiefach auf jedem Standort,
zwiefach zu jeder Zeit; gut und
zugleich boese, schoen und zugleich
haesslich, recht und zugleich schuld,
je nachdem Ich den Gedanken aufnehmen oder
abweisen will, je nachdem
das Urteil dem eigenen oder dem
gegenstaendlichen Ich gelten soll, je
nachdem das Urteil mein Ich--m-Ich, oder dein
Ich--d-Ich betrifft.
     Angreifend haelt Ich Angriff fuer Recht,
doch selbst angegriffen fuer
Schuld. Fressend haelt Ich das Tun fuer
loeblich und gut, doch selbst
gefressen fuer unrecht und boese--, dich
fressen ist recht, mich
fressen ist schuld'. Lob und Tadel, gut und
boese, schoen und haesslich,
Frass und nicht Frass in Einem Atem,
Verlangen, urteilend, steht sich
selbst gegenueber.
     Alles Urteil traegt sein Gegenurteil in
sich. Wie kein Teil ohne
Gegenteil, so kein Urteil ohne Gegenurteil.
     Urteil ist nicht nur zwiespaeltig vom
zwiefachen Standort des Ich
im Raum, nicht nur zwiespaeltig vom
zwiefachen Standort des Ich in der
Zeit, Urteil ist zwiespaeltig in sich.

*

     Alles Urteil ruht in der
Selbstherrlichkeit Ich; alles Urteil im
Ich ist will-kuer-lich wechselnd.
     Urteil widerspricht sich im Raum; Urteil
wechselt in der Zeit.
     Alle Entscheidung im Urteil ruht auf

Al Raschid- Das hohe Ziel der Erkenntnis.txt
Entscheidung im Willen.
Willen liegt unmittelbar in jedem Urteil.
Urteil und Willen deckt
sich. Urteil ist Ausdruck des Willens. Immer
ist Willen Lust; immer
ist Unwille Leid. Willen hat immer Recht:
    'ich habe Lust--ich will; ich leide es
nicht--will nicht. Was
ich will ist gut; ich will es, darum ist es
gut; boese ist was ich
nicht will, was nicht ich will, was mich
will.'
    'ich habe recht' heisst: 'ich will'; 'du
hast Unrecht' heisst: 'ich
will nicht'; 'du sollst' ist dasselbe wie
'ich will'; 'du darfst
nicht' ist dasselbe wie 'ich will
nicht'.--Alles Gebot, alles Verbot
--muessige Fragen dem Wissenden.
    Was ich an mich ziehe, nenne ich
anziehend; was wider mich ist,
ist widerlich; was mir schadet, ist
schaedlich; was meinen Zwecken
dient, ist zweckmaessig; was nicht mir
nutzt--nichtsnutzig; was zu
schonen ist, ist schoen; was ich liebe, ist
lieblich; was ich hasse--
haesslich.
    Lust hier ist Leid dort; Lust jetzt ist
Leid dann; in Lust ist
Leid, in Leid ist Lust; Lust ist Leid, Leid
ist Lust.
    Keine guten und keine boesen Dinge auf
der Welt; keine guten, keine
boesen Geschoepfe; keine guten, keine boesen
Menschen. Boese ist, was zu
mir boese ist; gut ist, was zu mir gut ist.
Du willst Wirkung aus dir;
ungewollte Wirkung auf dich nennst du boese.
Gutes wie Boeses ist nur in
deinem Urteil--sonst nirgends. Du lobst und
tadelst dich selbst, je

Al Raschid- Das hohe Ziel der Erkenntnis.txt
nachdem du am gegen-Stand an-Teil nimmst, je
nachdem du dich selbst im
gegen-Stand bewusst oder unbewusst
empfindest.
    Du erkennst: es gibt kein Urteil ansich.
Urteil ist nur
Rechtfertigung, nur Entschuldigung, nur
Beschoenigung deines
Verlangens. Was als Urteil im Ich erscheint
ist Willensausdruck. Wille
ist Ich. Ich will, Ich urteilt. Es gibt kein
Urteil
    --Ich ist Urteil.--
    Dies wunderbar Einfache erfasst die
Menschheit nicht.

*

    Wie dein Stand im Raum bestimmt, was mit
rechts oder mit links,
was mit oben oder mit unten zu bezeichnen
sei; wie dein Stand in der
Zeit bestimmt, was du als Vergangenheit und
was du als Zukunft
unterscheidest, so bestimmt deine Beziehung
zum Gedanken, dein
zu-Stand zum gegen-Stand--das Wollen in
dir--du selbst--was du
gut oder boese, schoen oder haesslich, Recht
oder Schuld nennst, und wie
jenen Bedeutungen, so kommt auch diesen keine
Wahrheit zu.--Wie
deine gegen-Wart in Raum und Zeit ein
willkuerlicher Scheidepunkt ist,
der dir das Recht zu geben scheint,
Verschiedenheit zu schaffen, ein
rechts und ein links, ein oben und ein unten,
ein vorher und nachher
zu unterscheiden, so schafft deine gegen-Wart
zum gegen-Stand, deine
Beziehung zum gegenstaendlich aufgefassten
Gedanken, dein Stand im

Al Raschid- Das hohe Ziel der Erkenntnis.txt
Verlangen, der Wille in dir--du
selbst--Unterscheidung im
Ungeschiedenen, macht dich als Gegensatz
unterscheiden, was Eines ist:
dein Verlangen--du selbst.
    In deinem Herzen sind die
Auseinandertretungen, in dir ist
Unterscheidung und aller Wandel der
Unterscheidung. Wie aus rechts
links wird, wie aus oben unten wird, wie aus
hier dort wird, wie aus
Zeit Raum wird, aus Willen Kraft, aus
Freiheit Notwendigkeit, aus Tat
Duldung, aus Lust Leid, aus Liebe Hass--so
wird aus gut boese, aus
boese gut, sobald du--atmend--dich in
Gedanken wendest. Du neigst
dich dem einen zu und neigst dich dem anderen
ab. Dein Standort
bedingt deinen Zu-Stand; dein Zustand bedingt
Willen und Urteil; Wille
und Urteil bist du selbst.
    Du urteilst gerecht nach bestem Wissen
und Gewissen. Wie du auch
urteilst, du urteilst von dir aus; von deinem
Standort aus beurteilst
du deinen gegen-Stand; je nach deinem
Ver-staendnis, je nach deinem
Ab-stand oder deinem An-stand bildet sich
dein Urteil.
    Wie du auch urteilst, es bleibt dein
Urteil. Du erwartest, hoffst,
nimmst Anteil; deine Zuneigung entscheidet
oder deine Abneigung, Naehe
oder Ferne deines Standortes. Wechselt dein
Standort, so wechselt
deine 'An-sicht'; wechselt deine Ansicht, so
wechselt dein Urteil.
    Du schaust und urteilst vom Standort des
Taeters oder schaust und
urteilst vom Standort des Dulders; du
versetzt dich in die Lage des

Henkers oder in die Lage des Opfers; du nimmst, je nachdem du dich
selbst fressend oder gefressen fuehlst,
bewusst oder unbewusst Partei.

*

   Dein Urteil ist deine Anteil-nahme, deine Be-teil-igung am
Gegen-stand. Was dem Beurteilten von dir zuteil wird, bist du selbst.
Dein Urteil ist dein Eingehen in den Gegen-stand, dein 'inter-esse',
dein Einssein mit dem Gegenstand. Du bist Richter in eigener Sache und
urteilend triffst du dich selbst.
   Wie du auch urteilst, dein Urteil bleibt einseitig; doppelseitiges
Urteil waere Widerspruch in sich; vollstaendiges Ur-teil waere
vollstaendiges Teil. Gerechtes Urteil urteilt nicht.
   Bedeutungslos ob Jemand deinem Urteil widerspricht, denn er
urteilt von eigenem Standort; bedeutungslos ob Jemand deinem Urteil
zustimmt; bedeutungslos wenn die Besten deines Volkes und aller Voelker
deines Urteils sind. Alle die, welche deinem Urteil beistimmen, stehen
bei dir, sind dir Beistand, vertreten deinen Standpunkt, sind mit dir
ein-ver-standen, deine Standesgenossen, deine Partner--nichts mehr.
Alles Urteil ist Partei.
   Alle Urteils-Wertung liegt in dir; was du am gegen-Stand
beurteilst, bist du selbst--am Wesen des Beurteilten haftet kein
Hauch deines Urteils, in keiner Form, in keinem Sinne, weder offen
noch verborgen, weder hier noch sonstwo,

Al Raschid- Das hohe Ziel der Erkenntnis.txt
weder heute noch je--Urteil
ist Ausdruck deines Verlangens.

*

    Alle Wahrnehmung schafft sich in dir:
gleichviel ob du solche als
unbestreitbare Beschaffenheit des
Gegenstandes erachtest, oder als
eigengeschaffenes Willens Urteil
durchschaust.
    Eigenschaft ausser dir und Urteil in dir
ist Eines; je nach
sinnlicher oder seelischer Auffassung
erscheint dir das Geschaute
fremd oder eigen, sachlich in sich oder
willkuerlich aus dir. Was dir
Eigenschaft der Dinge scheint, ist Auslegung
deiner Empfindung, ist
dein eigener Zustand in den Gegen-stand
verlegt; ist schaffendes
Verlangen aus dir in deinen Gegenstand
uebertragen.
    Seelisches Verlangen in dir gewinnt
sinnliches Leben ausser dir;
Verlangen ausgelegt, im Raum selb-staendig
geworden, wird leibhaftig,
tritt dir als Ding verkoerpert gegenueber.
Deiner eigenen Seele
Schoepfung, in raeumliche Wirklichkeit
hinausverlegt, ist ausser dem
Bereich deiner Seele dir entfremdet, darum
von dir nicht mehr als
Eigenschaffung erkannt, darum als Ding und
Eigenschaft des Dinges
sinnlich geschaut.
    Je unmittelbarer die schaffende
Vorstellung aus dir quillt, je
unbewusster du selbst deine Vorstellung bist,
desto fremder und ferner,
desto unbedingter erscheint dir das zur
Vorstellung Gewordene,

Al Raschid- Das hohe Ziel der Erkenntnis.txt
erscheint sachlich an sich.
   Erscheint dir aber Ding und Eigenschaft
sachlich und unbedingt an
sich, so erscheint auch alle Wahrnehmung am
Dinge: Vielheit, Mass und
Lage, Bewegung, Verhalten und Verhaeltnis der
Dinge untereinander
unbedingt, so erscheint die ganze dingliche
Aussenwelt, alle
Wirklichkeit unabhaengig von dir, unabhaengig
von deiner Wahrnehmung und
Empfindung.
   Was unbedingt scheint, bedingst du
selbst; die Be-ding-ung ist in
dir, daher die scheinbare Unbedingtheit. Dein
Anteil an den Dingen
schafft Ding und Eigenschaft der Dinge; der
Dinge Anteil an dir ist
dein Urteil und bist du selbst.
   Eigen Geschaffenes legen wir den Dingen
bei und nennen es der
Dinge Eigenschaften--eigen Gewirktes
Wirklichkeit dieser Welt.

*

   Urteilendes Urteil ist nur wo eine
Beur-teilung von Ding und
Eigenschaft, wo eine Teilung im Urteil
moeglich ist. Ist eine
Wahlentscheidung zwischen
Moeglichkeiten--eine Will-kuer im Urteil
nicht denkbar, das heisst: sind Zwei-fel, das
heisst zwei Faelle im
Urteil ausgeschlossen, so ist kein 'Urteil',
so ist blosse Benennung
oder erweiterte Einsicht--Ent-deckung--nicht
Urteil--wie:
   Die drei Seiten eines Dreiecks, einer
drei-geteilten Geraden
entnommen, ergeben zusammengetan wieder die
Gerade; die drei Winkel

Al Raschid- Das hohe Ziel der Erkenntnis.txt
eines Dreiecks, dem drei geteilten Winkel
einer Geraden entnommen,
ergeben zusammengetan wieder den Winkel einer
Geraden--nicht Urteil,
sondern blosses Ergebnis einer Drei Teilung
und Wiederzusammenfuegung
der Drei Teilung; selbstverstaendlich--daher
unwiderleglich,
nichtssagend--daher widerspruchslos,
gleichgueltig--daher
allgemeingueltig, daher unbedingt, sachlich
an sich erscheinend;--
blosse Wiederholung des Selben, wie: 'zwei
mal zwei gleich vier', das
heisst: 'vier ist das Gleiche wie zwei mal
zwei', blosse Umstellung oder
Umbenennung, dieselbe Aussage mit andern
Worten--faelschlich 'Urteil'
genannt.
    Willenloses Urteil, 'Urteil in sich' ist
undenkbar, schuefe ewig
Unloesliches, schuefe sich selbst
Aufhebendes--waere sinnliche Gottheit
--undenkbar.

*

    Dein Urteil wertet den Gegenstand.
    Was von Geschehen oder Dingen dir
gleichgueltig oder wertvoll
erscheint, was zweckmaessig oder ziellos,
unwiderleglich oder fraglich,
vergaenglich oder ewig, Zufall oder
sogenanntes Gesetz--alle
Wahrnehmung und Eigenschaft, unmittelbare
Gewissheit oder blosse
Benennung--alles ausser dir Erscheinende ist
aus dir hinausverlegte
Vorstellung--sinnlich gewordene Ent-gegnung
seelischer Bewegung in
dir, Ausdruck deiner Anteilnahme, deiner
Wertung, Abschaetzung, Mass

Al Raschid- Das hohe Ziel der Erkenntnis.txt
deines Verlangens--Widerschein deiner selbst.
Die ganze Welt ausser dir ruht auf
Verlangen in dir--
einheitliches Verlangen vom ur-teilenden Ich
als eigener Zustand oder
als fremder Gegen-stand auf gefasst.
Verlangendes Urteil--urteilendes
Verlangen in dir ist weltzeugende Kraft--aus
dir gezeugte
UEberzeugung--du selbst.
In dir ist Ur-sprung--du selbst bist die
in Raum und Zeit
erscheinende, die wirkliche Welt; wie gaebe
es in der eigenen
Erscheinungswelt eine Erscheinung unabhaengig
von dir? Wie wolltest du
die selbstgeschaffene Welt anders als in dir
selbst erfassen? Du bist
Herr und Mass, Gesetz und Schoepfer aller
Dinge und deiner selbst. Was
unergruendbar bleibt ist unergruendbarer
Ursprung--Unaufloeslichkeit
ewiger Wahrheit bist du selbst.

*

Ein Heer von Zweifeln stuermt auf dich
ein--hoffe auf Erleuchtung
--sei der Erleuchtung gewiss.

*

Noch einmal:
Alles Urteil ist nur in dir.
Alles Urteil traegt sein gegen-Urteil
unmittelbar und unabloeslich
in sich.
Alles Urteil hebt sich mit gewechseltem
Willen zu nichts auf.
Urteil hat in sich, Urteil hat in dir
keine Geltung, ist
gleichgueltig, gleich ungueltig,

Al Raschid- Das hohe Ziel der Erkenntnis.txt
bedeutungslos, sinnlos, leer, nichtig
in dir, nichtig in sich.
 Du erkennst:
 Was du urteilend mit widersprechenden
Namen belegst, ist
willkuerliche, in 'Gegen'teile
auseinanderspaltende, an sich nichtige
Unterscheidung in dir.
 Was von solcher Unterscheidung--in dir
als Urteil--ausser dir
als Eigenschaft der Dinge erscheint, ist
Kennzeichnung deiner
Gegen-wart im Verlangen, Kennzeichnung deiner
Beziehung zum
gegen-Stand,--dein Standort, dein zu-Stand,
dein ver-Stand.
 Urteil und Eigenschaft ist deine
Empfindung und nach-aussen-
Verlegung--Auslegung deines innen-Befindens;
deine Einbildung und
Widerspiegelung deiner Einbildung, das ist
Vorstellung;
unbewusst-be-wusste Einbildung,
bewusst-unbewusste Vorstellung--je nach
deinem Wachsen oder Welken im Atem dieser
Welt; Atem des Verlangens:
Lust oder Unlust, Liebe oder Hass; je nach
deiner Stimmung ist deine
Bestimmung des gegen-Standes; je nachdem dir
zu Mute ist, deine
Zumutung an den Gegenstand; je nach deinem
Verhalten dein Dafuerhalten;
je nach deinem Befinden ist deine Empfindung;
je nach deiner
Einstellung--deine Vorstellung.--Deine
Auffassung, Beziehung,
Gesinnung, Neigung, dein Werden-ver-werden
schafft Urteil, Namen und
Dinge.
 Eines ist, was du urteilend willkuerlich
scheidest; Eines, was du
durch Willensgegensatz in dir zu Gegensaetzen

Al Raschid- Das hohe Ziel der Erkenntnis.txt
ausser dir praegst--
Willensgestaltung, dein Wille und was wider
deinen Willen wieder dein
Wille ist: Aus dir gewirkt, auf dich
wirkend--Wirkung und
Wirklichkeit dieser Welt--deine eigene
Schoepfung--du selbst.
    Solches hast du klar erkannt.

*

    Es gibt kein Urteil an sich.--Aufgegangen
in dir ist diese
Erkenntnis; von solcher Erkenntnis vermagst
du ferner nicht mehr
abzuweichen. Bedeutungslos, wenn die
verworren denkende Menge solcher
Erkenntnis fern bleibt; bedeutungslos, wenn
einsichtige und
wohlwollende Maenner vor solcher Erkenntnis
zurueckschrecken, wenn
solche, die sich fuer Wissende halten, bisher
nicht gleich dir
erkannten; bedeutungslos, wenn solche
Erkenntnis in keinem der
zahllosen Geschoepfe dieser atmenden Welt
aufgeleuchtet waere--von
Menschen keinem, von Goettern keinem--wenn du
allein stuendest mit
solcher Erkenntnis--bedeutunglos;
unerschuettert bleibt: es gibt kein
Urteil. Urteil ist Wille, Wille ist Ich, Ich
ist Urteil.
    Wie im ersten Samenerguss die ganze
Menschheit ruht, so ruht alles
Urteil im ur-Teil-Ich. Ich-Ur-Teil ist
Ich-Urteil.
    Darum lehrt De-schin-scheg-pa, der
Feindbesieger und heilig
vollendete Buddha, dass alles Auffassen in
der Ichheit ein
Nicht-auffassen sei.

*

Ausgeloescht sind die in Rede stehenden
Begriffe, ausgeloescht alle
dazwischen liegenden, alle verwandten
Bezeichnungen, Beilegungen,
Eigenschaften--ausgeloescht alles Urteil,
alles An-sich sein dieser
Welt.
Alle Unterscheidung durch Urteil--Recht
und Schuld, gut und
boese, Lob und Tadel, schoen und
haesslich--Gebot, Verbot--blosse
Namen, nur Worte die sogenannten ewigen
Gesetze--muessige Fragen dem
Wissenden.
Ausgeloescht--vernichtet, worauf die Welt
gebaut schien--Spiel
deiner Seele, ein blosses Bild, ein
Traum--nicht ist Urteil, nicht
sind diese Begriffe in Wahrheit.
Solches hast du klar erkannt; von solcher
Erkenntnis vermagst du
ferner nicht mehr abzuweichen... es sei denn,
dass du--ueber dieses
hinaus--zu tieferer Einsicht zu gelangen
vermoechtest.

*

In deinem Herzen sind die
Auseinandertretungen, in deinem Herzen
ist Unterscheidung und Wandel der
Unterscheidung, in deinem Herzen die
Schoepfung dieser Welt. Du selbst schaffst
Zeit und Raum, du selbst
bist Willen und Kraft, in dir ist Tat und
Duldung, Ursache und Folge,
Freiheit und Notwendigkeit; durch dich ist
Verstand und Urteil, Recht
und Schuld, gut und boese, schoen und

haesslich, durch dich ist diese
Welt. Du bist Verlangen und Tat, Gesetz und
Richter, Herr und Knecht,
Schoepfer und Vernichter deiner Welt, deiner
Welt Leben und Atmen--
Atma--
     Ausgeloescht, vernichtet, was
unantastbar, was ewig schien--und
nur Eines besteht: Ich! Ich und die Welt, die
das Ich sich schafft--
die Welt mit allem Heil und Unheil, mit aller
Herrlichkeit und aller
Qual, aller Hoffnung und Enttaeuschung, aller
Hoheit und aller
Nichtigkeit--die Welt des Guten und Boesen.
     Keine Welt ohne Ich und Verlangen, keine
Welt ohne Tat und Tat
Widerstand, keine Welt ohne Lust und Leid,
keine Welt ohne gut und
boese. Untrennbar ist Boeses von Gutem,
untrennbar Gutes und Boeses von
Ich und Welt. Ursprung des Boesen ist
Ursprung des Ich. Das Boese zu
treffen, triff dich selbst. Darum sagt Omar,
der Zeltweber: "Ich
selbst bin Himmel und Hoelle".
     Dies ist Loesung der Frage, um die du
mich angingst--Ursprung des
Boesen--Quell alles Guten--restlose Loesung!

*

     Es gibt nur Ein Boeses in der Welt: die
Ich-bin-heit--
Selbstsucht, und alles was du Suende,
Knechtschaft, Leiden nennst,
fliesst aus ihr--Samsara. Es gibt nur Ein Gut
in der Welt:
Selbstlosigkeit--und Erloesung fliesst aus
ihr--Nirvana.
     Erloesung vom Boesen ist Erloesung vom
Ich. Selbstsucht zu Ende

Al Raschid- Das hohe Ziel der Erkenntnis.txt
gedacht ist Selbstlosigkeit. Sei selbstlos
aus Selbstsucht. Gib alles
auf um alles zu gewinnen; du bereicherst dich
gebend, nehmend beraubst
du dich. Es ist kein anderer Weg zum
Gehen--der heilige Weg aus
Schein zu Wahrheit, aus Nacht zu Licht, aus
Tod zu Unsterblichkeit.

*

    Noch einmal durchdenke ich mit dir das
Geschehen dieser Welt, die
zwiefache in gegen-Teile zerfallende
Beziehung des Ich zum eigenen
gegen-staendlich auf gefassten Gedanken--:
ab-Stand der gegen-Teile
von einander und ver-Stand der gegen-Teile zu
einander; den Weg aus
Standhaftigkeit zu ver-Staendnis, den Weg aus
Blindheit zu Erkenntnis,
den Weg aus dem Ich zum nicht-Ich.
    Zwischen Ich im eigen-Stand und Ich im
gegen-Stand liegt die
trennende Vorstellung--: nicht-Ich. Ich, vom
Trugbild der Sinne
geblendet, ver-kennt sich im
gegenueberstehenden Ich--wie der Hund
sich selbst im Spiegel anknurrt. Zwischen Ich
und Ich klafft Spaltung,
Zwietracht, Zwist, Kampf.

    Ich hier: "ja, ich will dich!"

    Ich dort: "nein, ich will dich!"

    Verlangen lebt, waechst, uebersteigt
sich--faellt. Henker und Opfer
kommen sich entgegen. Ich hier, wie Ich dort,
wechselt in seinem
Zustand, laesst von seiner Stand-haftigkeit,
gibt wider-Stand auf, nimmt

Al Raschid- Das hohe Ziel der Erkenntnis.txt
ab-Stand vom eigen-Stand, naehert sich seinem
gegen-Stand, ver-stellt
sich auf den Stand des Gegners, ver-staendigt
sich mit ihm, ver-steht
ihn--Ich hat Selb-staend-igkeit aufgegeben,
Ich hat ver-Stand
gewonnen.
     Ich hier wie ich dort aendert mit
geaendertem Stand Ansicht und
Willen; Ich aendert sich, Ich wird ein
anderes. Ich wandelt in Zeit und
Raum; Ich-Standort-Wandel wandelt das Ich.
Fremder gegen-Stand wird
durch ver-Stand zu eigenem zu-Stand.
     Ich hier wie Ich dort ist aus Raum in
Zeit getreten, Eins mit
seinem Gegner: kein Gegner mehr, keine
Gegnerschaft, kein Widerwille,
kein Widerstand, keine Tat. Ich hat sich
durch ver-Staendnis im
wider-Ich wieder erkannt--Ich hat Erkenntnis
gewonnen, Ich hat im du
sich selbst wieder gefunden.
     Raum entzweit, Zeit eint. Was im Raum
geschieden ist, faellt in der
Zeit zusammen. Was sinnliche Anschauung
trennt, eint seelische
Erkenntnis. Ich und Ich, von blinder
Anschauung aus-ein-ander
gehalten, fallen, sehend geworden
in-ein-ander.

*

     Und noch einmal: Sittlichkeit ist
Durchschauen der Erscheinung.
Ich ur-Teil, in sich gespalten, von
sinnlicher Vorstellung "nicht-Ich"
geblendet, in zwei Ich gegen-ein-ander
entzweit:

     Ich hier: "Ich will Tat-Angriff gegen

dich."

Ich dort: "Ich will Tat-Abwehr gegen
dich".

Ich, durch seelisches ver-Staendnis
sehend geworden, erkennt im
nicht-Ich sich selbst,--das trennende 'hier
und dort' ist
fortgefallen--ver-ein-igt, ein-muetig, Ein
Ich, ein-ig, eines
Willens:
"Keine Tat gegen mich selbst."
Sich selbst im Anderen erkennend vermagst
du nicht boese zu wollen.

*

Wie ein Ich auf zwei Standorten im Raum
in zwei Ich gegen einander
entzweit ist, so sind zwei Ich in der Zeit
auf Einem Standort zu
einander vereint: Eines.
Aller Zwiespalt durch Ich-da-Sein, durch
Ich-bin-heit, asmita,--
durch Selbstsucht; alle Eintracht durch
ver-Staendnis, durch Erkenntnis
--durch Selbstlosigkeit--das Geheimnis alles
Geschehens, alles
Werdens und Vergehens alles Lebens, alles
Streites, alles Friedens,
aller Sittlichkeit auf Erden--der Weg aus dem
Ich zum nicht-Ich, der
Weg zu Erloesung, der heilige Weg.

*

Durch Ur-sprung in Ich und Ich: ist
Ent-zwei-ung, Verlangen hier
und Widerstand dort, Ein-tracht durch
Erkenntnis.
Geschlossen hat sich der Zwiespalt,

Seite 117

Al Raschid- Das hohe Ziel der Erkenntnis.txt
ausgefuellt die Kluft,
verraucht das Verlangen; der Streit ist
begraben, aufgegeben Tat,
Frieden gewonnen; erreicht aller Sittlichkeit
hoechst gepriesenes Gut,
erstanden das Wunder:
Selbstlosigkeit--Nirvana in Samsara.

*

Durch ur-Sprung ur-Teil, sich
abscheidend, unter-scheidet: Ich und
Welt; unterscheidet da seiend: Zeit und Raum;
unterscheidet
verlangend: Wille und Kraft; unterscheidet
wirkend: Tat und Duldung,
Freiheit und Notwendigkeit, Lust und Leid;
unterscheidet urteilend:
gut und boese, Recht und Schuld, schoen und
haesslich; also in allen
Dingen dieser Welt ur-Teil-gegen-Teil atmend
wirkt s-Ich die
Wirklichkeit, wirkt s-Ich das Verstaendnis
dieser Welt.
    Alle unter-Scheidung durch ab-Scheidung
im ur-Sprung; durch
ur-Teil-ent-Scheidung alle ver-Schied-enheit;
alles er-Schein-ende
durch ur-Teils Urteil. Auf blossen Worten
beruhend die Vielheit, nur
Namen--Eines ist es in Wahrheit.
    Sehend geworden erkennst du:
    Es ist der Welt, die dich lebt, Atmen.
    -- atma --

*

    Geringes Verstaendnis lebt in uns
Menschen. Vom Trugbild dieser
Welt geblendet, irren wir, einer duerstenden
Herde gleich, dahin und
dorthin, blind gegen den Quell alles Lebens.

Al Raschid- Das hohe Ziel der Erkenntnis.txt
    Wo ist Erloesung?--Da, wo Erkenntnis ist.
    Sagt dir jemand: zu verwerfen sei diese
Lehre, sie hebe den
Unterschied zwischen Recht und Unrecht auf,
sie preise nicht das Gute
und verabscheue nicht das Boese, so antworte
ihm:
    Diese Lehre lehrt ueber sinnliche
Erscheinung hinaus--Seelen-
Einheit--ueber menschliches Urteil
hinaus--der Menschheit hoechstes
Ziel: Selbstlosigkeit. Selbstlosigkeit loest
aus den Fesseln des Ich,
aus den Fesseln nimmer gestillten Verlangens,
aus nimmer gestillter
Hoffnung, aus dem Kerker dieser Welt zur
urewigen Heimat.
    Und gewiss! Fest gefuegt ist der Grundbau
dieser Lehre,
unerschuetterlich, auf dem Grunde, der unsre
Welt traegt. Ist das Eine,
so ist das Andere--untrennbar; untrennbar
Erloesung von dieser Lehre
vollem Erleben.
    Nicht an vergaenglichem Werke wirke ich,
in der Gottheit Tiefen
ruht die Lehre, Menschen im Koerper schier
unergruendlich--
unergruendlich.
    Ehernes Tor der Erkenntnis--erloesende
Wahrheit.

*

    So lautet in aranada-upanishad der
fuenfte adhyaya: manas, Verstand
und Urteil; nunmehr: buddhi, Erwachen.

VI.

ERWACHEN AUS DER ERSCHEINUNG
-- buddhi --

        Zu dem, was ich dir noch vom Kreislauf
der Erscheinung zu sagen
gedenke, o Teurer, erfasse wohl:
        Auf Einem Gedanken ruht wovon ich dir
rede--Samsara; auf
Umzulangen im Ur-sprueng--auf Verlangen ruht
diese Welt.
        Eines ist, was wir, in dieser Welt
erwachend, rastlos suchen;
Eines, was wir, in irdischer Anschauung
befangen, vielheitlich
schauen; Eines nur, was wir mit zahllosen
Worten benennen; alles
Geschehen und alle Gestaltung, aller
Geschoepfe und aller Welten
all-einiger Gedanke:
        -- Verlangen --
        Verlangen, dem Ursprung entquellend,
Verlangen nach UEberbrueckung
der Kluft, Verlangen nach
Wiedervereinigung--unserer Leben Sinn und
aller Welten Ziel: Verlangen nach Erloesung.

*

        Was ich dir von tiefer Erkenntnis
verkuendige, besitzt die
Menschheit nicht, und nicht ueberliefert
wurde mir die Lehre aus der
Gemeinschaft hoher Meister--: den Sinnen
entrueckt, der Gedankenqual
entronnen, in wunschloser Allhingebung
versunken--fand ich mich
erleuchtet. Erkenntnis trat zu Tage, wuchs
und erstarkte.
        In solche Erkenntnis weihe ich dich ein;
von solcher Erkenntnis

Al Raschid- Das hohe Ziel der Erkenntnis.txt
getragen erachte dich auf rechtem Wege--du
nahst den Wissenden.

*

    All-ur-sprung: ur-Teil und gegen-Teil;
aus solcher Ent-zwei-ung--:
ver-Langen nach Ergaenzung; aus solchem
Verlangen--: Tat; aus
Tat-widerstand--: Erkenntnis
    -- BUDDHI --
aller Welten Hoheziel!--Erfasse den grossen
Gedanken, ehe deine Lippe
ihn ausspricht--
    --Erwachen der Menschheit--

*

    Wer sein Heil im 'Ich' sucht, dem ist
Selbstsucht Gebot, dem ist
Selbstsucht Gottheit.
    Wer sein Heil in dieser Welt sucht, der
bleibt dieser Welt
verfallen; dem ist kein Entrinnen aus
ungestilltem Verlangen; dem ist
kein Entrinnen aus nichtigem Spiel; dem ist
kein Entrinnen aus den
engen Fesseln des 'Ich'. Wer sich aus dieser
Welt nicht erhebt, der
lebt und vergeht mit seiner Welt.
    Wem die Gnade des Ishvara das Auge
geoeffnet hat, der durchschaut
diese Welt. Wer diese Welt durchschaut, der
ist fuer diese Welt
verloren.
    Darum ist Erkenntnis Enttaeuschung, darum
ist Erkenntnis Erwachen.
Erwachen ist Erloesung--Erloesung ist
Vollendung in Gottheit.
    Davon ist gesagt: "Erkenntnis--und einen
andern Weg hat der
Mensch nicht."

*

Huete das Urerbe--dir zum Heil und allen denen, die auf Erden mit
dem Tode ringen.

*

Also ist die Unterweisung:
Aus Sinnes-wahr-nehmung wird, was du Wirklichkeit dieser Welt
nennst. Was deinen Sinnen wirklich wahr scheint, ist deinem Nachsinnen
hinfaellig; was deinen Sinnen standhaelt, flieht vor deinem Besinnen,
muendet, sich selbstwidersprechend, in Widersinn, und nur in sinnlicher
Auffassung scheint Sinn in der Welt. Und gewiss: waere letzter Sinn in
der Erscheinung, so waere Erscheinung Wesen.
Sinneswahrnehmung in dir ist rings um dich sinnlich begrenzt.
Grenze deines Schauens ist der Gegenstaende sinnlicher Widerstand--
Seele der Dinge bleibt deinen Sinnen ewig unnahbar.
Wie ein Strom Ufer von Ufer trennt, so trennt sinnliche Anschauung
Seele von Seele; und wie du von Ufer zu Ufer auf unsicher schwankender
Faehre gelangst, so gelangt Seele zu Seele durch blind suchende Sinne;
und wie ein maechtiger Strom jenseitiges Land voellig deckt, so decken
zuegellos stuermende Sinne alle Seele ausser dir.
Irdische Wahrnehmung ist der Blindheit vergleichbar--was wir
hier in Gestalten und Farben glaeubig schauen, ist nicht die Welt,
Samsara zeugt blinde Kinder.

Seite 122

Al Raschid- Das hohe Ziel der Erkenntnis.txt

*

Maya! Es scheint, es stellt sich dar, es
mutet dich an, dich
geluestet danach und du erliegst der
Lust.--Von gleissender
Erscheinung geblendet, suchst du unsicher
tastend dein Ziel, taumelst
Wahnbildern folgend, von Trug zu
Trug--wahrlich einem Trunkenen
vergleichbar. Und wie ein Trunkener unter den
Hufen einer Bueffelherde
sich im Paradiese traeumt, so traeumst du
trunken von Sinneslust ein
erlogenes Glueck--die ewige Luege!
Verlangen in dir ist der Seele Verlangen
nach ewigem Ziele;
Sinneswahrnehmung in dir haelt dich in
vergaenglicher Erscheinung
zurueck. Die Erscheinung ergreifend, bist du
ergriffen--Seele in den
Fesseln der Sinne.
Darum sagt Maitrayana Upanishad: "Seele
von den Gegenstaenden
ueberwaeltigt."
Darum sagt man: sich ernuechtern, wieder
zu sich kommen, sich auf
sich selbst besinnen.
Darum lehrt der Erlauchte:
"Unterscheidung des Wandelbaren vom
Unwandelbaren, des Ewigen vom Vergaenglichen,
Unterscheidung des Wesens
von der Erscheinung."

*

Unabsehbare Kluft, unloeslicher
Widerspruch uns irdisch Schauenden
zwischen Erkenntnis und Anschauung; Torheit,
ewiges Ziel in
vergaenglicher Erscheinung zu suchen. Daraus

sinnloses Hasten und
Irren, endloser Wechsel, unablaessige
Erneuung; daher die
Unbestaendigkeit, die Friedlosigkeit, die
Vergaenglichkeit alles
Irdischen, daher die Unsinnigkeit steter
Wiederholung alles
Geschehens, aller Gebilde, aller
Gedanken--ein rastloser Kreislauf
von Hoffnung zu Enttaeuschung. Darum die
Unzulaenglichkeit, das
Stueckwerk, die Unvollkommenheit aller Dinge;
die Unwiederbringbarkeit
der Zeit, die Unueberwindbarkeit des Raumes;
darum des Hohenzieles
Unerreichbarkeit, des Zweifels
Unstillbarkeit, die Trostlosigkeit, die
Widersinnigkeit, Verruchtheit dieser Welt.
    Diese Welt ist fuer Kinder und Woelfe,
und so sehr sind wir Kinder
und Woelfe, dass wir uns in solcher Welt
gefallen!
    Der Welt Lust ist Frass, der Welt Lohn
ist Trug, der Welt Ziel ist
Vernichtung--und du solcher Welt williger
Sklave.
    Ist Lust Frieden? Und ist nicht verlorene
Lust Schmerz? Und waere
nicht dauernde Lust Qual? Und schliesst nicht
Lust Seeligkeit aus?--
Wagst du es zu widersprechen?--Was auf Erden
vermoechte Verlangen
nach dem Hoechsten zu stillen?--Verlangen
nach Gottheit.

*

    Das Gepraege dieser Welt ist
Vergaenglichkeit.

    Was von Gedanken und Dingen dieser Welt
lebt, atmet in Einhauch

Al Raschid- Das hohe Ziel der Erkenntnis.txt
und Aushauch, aus Entstehen zu Vergehen.
Alles Werden durch Absonderung, durch
Abstammung, durch
Verzweigung, durch Spaltung, durch
Unterscheidung von einander. Alle
Empfindung und Wahrnehmung durch Abstand;
alles Wollen und Tun durch
Gegenstand und Widerstand.
Ich-nicht-Ich-bewusstsein durch Anstoss und
Hemmung; Leben und Dasein durch
Wandel--nichts was unveraendert,
nichts was bestaendig, nichts in Frieden im
Himmel und auf Erden.
Samsara ist Wechsel; wer Frieden im
wechselnden Samsara sucht, der
ist betrogen; Frieden kann nur zu Unfrieden
wechseln.
Dieser Welt Bestand durch Gegen-stand,
dieser Welt Sinn durch
Gegen-sinn; darum dieser Welt Wider-spruch
und Wider-sinn; darum
dieser Welt ruheloser Kampf; darum dieser
Welt Vergaenglichkeit.
Entzweiung will Paarung, Ansammlung will
Aufloesung; weil Entstehen
ist, darum ist Vergehen; weil Verschiedenheit
ist, darum ist ein
Verscheiden; weil Leben ist, darum ist Tod.
Alle Erscheinung ist durch Ur-sprung,
durch Entzweiung in
Gegensatz, und aller Gegensatz will
Ausgleich. Was durch Entzweiung
aus Einheit entspringt, endet in Einheit.
Wie alles Urteil in seinem Gegenurteil
sich auf hebt, wie aller
Gedanke, zu Ende gedacht, durch seinen
Gegensinn in sich selbst
zurueckkehrt, so kehrt alle Erscheinung in
sich selbst zurueck, sich
selber aufhebend.
Alle Wirklichkeit haelt stand, so lange
du Befriedigung im Wirken

Al Raschid- Das hohe Ziel der Erkenntnis.txt
suchst, solange du, selbst Erscheinung,
sinnliche Erscheinung
wahr-nimmst, solange du an die Wirklichkeit
dieser Welt glaubst.
    Erscheinung, durchschaut, haelt nicht
stand, verblasst, zerrinnt,
geht zugrunde, geht auf den Urgrund zurueck.
Wirklichkeit, als Schein
erkannt, wirkt nicht mehr, ist nicht mehr
wirklich--vergangen wie
ein Traum, der beim Erwachen zu nichte ward.

*

    Was dir als gegenstaendliche Welt
erscheint, ist nicht an sich; was
du Wirklichkeit nennst, ist zu sinnlich
anschaulichen Bildern
gewordener Gedanke in dir--ist dein
traeumendes Verlangen, die
unermessliche Kluft zu ueberbruecken, der
weite Irrweg zur ewigen Heimat.
    Die Gestaltung dieser Welt ist dein;
Wirklichkeit folgt deinem
Gebot--Wahr-nehmung in dir ist Be-dingung;
das heisst: was du von
Erscheinung fuer Wahrheit nimmst, gewinnt
Gestalt, wird zu wirklichen
Dingen. Du er-innerst dich aus zeitloser
Vergangenheit--du
er-innerst dich aus raumloser Naehe und
Ferne--du ver-gegenwaert-igst
dir aus seelisch ewiger Gegenwart sinnlich
gegenwaertige Erscheinung.
Deine Einbildung wird Vorstellung: das
Verlangen in dir hat sinnliches
Da-sein gewonnen, was du wirklich wahr
nennst, hat sich geschaffen.
    Die gewaltige Welt ist aus deiner
Empfindung geboren, deine eigene
Schoepfung--du selbst.

   Dies wunderbar Einfache wird von
Unmuendigen widerstrebend erfasst
--volles Erleben hiervon ist nur dem
Erwachenden beschieden.

*   *   *

   Was aus Ursprung dieser Welt lebt, lebt
zwiefach: lebt als
Empfindung in dir, lebt als Bewegung ausser
dir; Bewegung im
unendlichen Raum--und Empfindung solcher
Bewegung in ewiger Seele--:
die also erscheinende Welt.
   Bewegung aus dem Raume trifft dich--du
wirst der Bewegung inne.
Inne-werden der Aussen-bewegung ist
Empfindung in dir; Auslegung dieser
deiner Empfindung ist dir Bewegung im Raum.
Empfindung:
ver-inner-lichte Bewegung; Bewegung:
ge-aeusser-te Empfindung. Was
aus-wendig Bewegung ist, ist in-wendig
Empfindung. AEusserer Gegenstand
schafft inneren Zustand; innerer Zustand
schafft aeusseren Gegenstand.
   Bewegt empfindest du--empfindend bewegst
du. Seelische
Empfindung von dir aus-gelegt, wandelt sich
ausser dem Bereich deiner
Seele zu sinnlich anschaulicher Bewegung.
Empfindung aus dir
hinausverlegend, stellst du vor; vorstellend
wirkst du;
gegen-staendlich Vorgestelltes ist
Gegenstand; Gegenstand widersteht;
Widerstand ist Wirkung auf dich. Dein eigenes
Werk, aus dir gewirkt,
ist Wirklichkeit und wirkt auf dich zurueck.

Die Seele wird von aeusserer Bewegung
innen bewegt; die innen
bewegte Seele bewegt nach aussen. Du
empfindest in dir, das heisst: du
bewegst ausser dir. Was du zeitliche und
raeumliche Ferne nennst, ist
sinnlich befangene Auffassung; Seele wirkt
aussersinnlich, Seele wirkt
seelisch, ueber Zeit und Raum hinaus.--Eines
ist Auslegung deiner
Empfindung und Rueckwirkung des aus dir
Hinausverlegten--
Zusammenfliessen der Seelen--Seele der
Dinge--eigene Seele--
UEberbrueckung des Ur-sprungs.
Je nach Vorwiegen seelischer oder
sinnlicher Auffassung im Ich
scheint Empfindung oder scheint Bewegung,
scheint eigener Zustand oder
fremder Gegenstand, ist gedankliche
Ein-bildung oder anschauliche
Wahrnehmung, das ist: allen deinen Sinnen
fassbarer Koerper--der
Gedanke ist leib-haftig geworden; Eines ist
Gedanke und Sichtbarkeit
des Gedankens. Angeschaute Gedanken sind
Koerper.
Davon sagt Patandschali:
"Koerpererscheinung wird durch Wandlung
der Auffassung im Ich."
Davon sagt der Buddha: "Wie ich aus einem
Schilfrohre den Halm
ziehe--hier das Schilf--dort der Halm, so
bilde ich aus diesem
meinem Leibe nach dem Willen meines Herzens
einen anderen Leib, mit
allen Gliedern versehen und mit Gefuehl
begabt."
Der verlangende Gedanke zu Fleisch und
Blut geworden.

*

Es scheint, als sei in dir seelische Empfindung, es scheint, als
sei ausser dir seelenlose Bewegung; deiner Seele Empfindung, deinen
Sinnen Bewegung--Gegensatz und Einheit. Was sinnlich als Gegensatz
erscheint, wird seelisch als Einheit erkannt. Was blindem Schauen
durch unueberbrueckbare Kluft getrennt scheint, unvereinbar und
unloesbares Raetsel, ist Eines; Eines, was deinen Sinnen Bewegung,
deiner Seele Empfindung ist--je nach sinnlicher oder seelischer
Auffassung unterscheidende Benennung, ununterschieden in sich, zwei
Worte fuer das Selbe--: Verlangen in dir. Und wie du in deinem
eigenen, einheitlichen, ungespaltenen Verlangen Widerwillen von Willen
unterscheidest, beides in dir, beides Eines--du selbst, so
unterscheidest du Bewegung von Empfindung, bei des in dir, beides
Eines--du selbst.
Alle Empfindung ist Bewegung, alle Bewegung--Empfindung;
Beid-einheit, seelisch-sinnlich geschaut.
Empfindung in dir und die Welt ist bewegt; du durchschaust die
Bewegung und still stehen alle Sonnen und Erden, und es empfinden alle
Sonnen und Erden, ruhelos Ausgleich suchend.

*

Ich ist Ur-sprung. Nichts dieser Welt, was sich nicht im Ich
willig-un-willig schafft, zwiefach in Zeit

und Raum. Aller Inhalt des
Ich durch Gegen-sinn in sich, durch
Gegen-stand zu sich. Die ganze
Welt im verlangenden, im unter-scheidenden,
im ur-teilenden, im
ent-zweienden, im ent-zweiten Ich. Ich ausser
sich verlangend, spaltet
in sich selbst, spaltet im Urteil, Wollen und
Tun: bejahend verneint
Ich, wollend en-will Ich, liebend hasst Ich.
    Kein Tun ist einwertig. Du vermagst dich
keinem Dinge zuzuneigen,
ohne dich einem anderen Dinge abzuneigen.
Zuneigend neigst du dich ab,
abneigend neigst du dich zu. Alle Zuneigung
ist Abneigung, alle
Abneigung ist Zuneigung. Du bejahst den Satz
und verneinst damit den
Gegensatz. Du glaubst Eines zu tun und tust
zweierlei--: ewiger
Zwiespalt, ewiger Ur-sprung in dir selbst.
    Kein Geschehen, kein Ding, kein Wort,
kein Gedanke ist eindeutig.
Mit deinem Leibe neigt sich deine Seele.
Neigung ist koerperliche
Bewegung, Neigung ist seelische Empfindung.
Neigung deines Leibes ist
Neigung deiner Seele; seelische Neigung
erscheint deinen Sinnen als
Koerperbewegung; Koerperbewegung ist in dir
als seelische Neigung wach.
Neigung ist seelisch und sinnlich zugleich.
    In einem Worte ist Einheit von Zuneigung
und Abneigung, Einheit
von Empfindung und Bewegung, Einheit von Leib
und Seele. Im
einheitlichen Worte liegt sich selbst
aufhebender Gegensinn: Ich und
du, innen und aussen, hier und dort, Zustand
und Gegenstand, Zeit und
Raum, Gedanke und Tat, Seele und
Sinnlichkeit, Unfassbares und

Al Raschid- Das hohe Ziel der Erkenntnis.txt
greifbare Wirklichkeit; in einem Worte
Anziehung und Abstossung,
Aufflammen und Verloeschen, Lust und Leid,
Himmel und Hoelle, Leben und
Tod.
    In jedem Worte spiegelt sich zerfallene
Einheit.
        Gegensinn im einheitlichen Wort--Einheit
gegensinnlicher Worte
ist Loesung nie geloester Raetsel, Loesung
nie geloesten Widerspruchs;
toerichter Streit durch Jahrtausende--:
Allgottheit, Goettervielheit;
Gutes und Boeses in Gott; Wesenseinheit oder
Doppelwesen der Welt;
Weltgeist oder Weltenstoff; Allseele oder
Seelenvielheit;
Ursaechlichkeit oder Selb-einheit; Zweck oder
Zufall; eherne
Naturgesetze oder freie Schoepfung--wie auch
Irrende die seelisch
sinnliche Kluft benannt haben
moegen--muessige Fragen dem Wissenden,
Loesung aller Gegensaetze, Loesung des
Widerspruchs dieser durch
Widerspruch werdenden Welt.

*

    Und ferner, o Teurer, Loesung nie
geloester Raetsel--: das Wunder
der Verkoerperung. Es offenbare sich dir, aus
welchen Tiefen solche
Loesung fliesst und der Weg zu Erloesung.
    Du fuehlst dich Koerper, du weisst dich
Seele. Du empfindest dich
selbst unmittelbar, du schaust aus dir
mittelbar durch Sinne. Deine
Sinne nehmen sinnlich wahr; Seele in dir
nimmt sinnlich Geschautes fuer
wahr. Auf fuenffach verschlungenen
Sinnenwegen suchend, seelenblind fuer

alle Seele ausser dir, verkennst du alles,
was du nicht selbst bist und
dich selbst. Du begreifst die ganze Welt
sinnlich; du nimmst dich
selbst sinnlich wahr.

Also seelenblind schauend glaubst du dich
von Allseele
abgeschieden, vermagst abgeschieden
Erachtetes nicht mehr seelisch zu
dir zu einen. Was du nicht mehr als eigen
erkennst, deuten deine Sinne
als ausser dir; du vermagst, was dir aussen
duenkt, nicht anders als
fremd, als raeumlich dir gegen-ueber-stehend,
als gegen-staendlich zu dir
aufzufassen; du kannst, was du nicht selbst
bist, nur als Gegenstand
schauen. Alles nicht-Ich muss dir Ding und
Koerper sein.

*

Also sieht Seele kraft ihrer Sinne
Koerper; also ist Seele sinnlich
erfasst: Koerper.

Also sind Koerper: Koerper durch
wahrnehmende Sinne--Koerper durch
Verkoerperung der Seele, zwiefach Eines.

Empfindend bist du Seele, empfunden Leib;
be-seelter Koerper--
verkoerperte Seele. Sinnliche Gestalt ist
seelische Gestaltung,
leibliche Zeugung--seelische UEber-zeugung;
Beid-einheit--: Gedanke
leibhaftig geworden, dein schaffendes
Verlangen. Du verlangst und es
wird Ding und Bewegung, du verlangst und es
ist Empfindung und Seele:
--gottabgewandt: Welt--weltabgewandt:
Gottheit genannt.

Alles was dir als Wirklichkeit
erscheint--welche Namen es auch

Al Raschid- Das hohe Ziel der Erkenntnis.txt
trage--ist Seele, von Seele in dir sinnlich
erfasst. Seele--alles
andere Sinnenmitgift. Alle Gestaltung Seele,
alle Gebilde in die Sinne
fallende Erscheinung--Sinn-bild der
Seele--Seele im Bannkreis der
Sinne--Seele in irdischer Umhuellung--in
Sinnenwelt versunkene
Gottheit.
    Nur fuer irdische Augen ist diese
Welt--Samsara; seelisch
durchschaut versinkt die Erscheinungswelt
deinen Sinnen; nur fuer
seelisches Schauen ist Erloesung--Verklaerung
der Welt--der Seele
Seeligkeit--Nirvana.

*   *   *

    Raum-zeitlose Seele in zeit-raeumlicher
Welt.
    Im unendlichen Raum alles zeitlos; in
ewiger Zeit alles raumlos.
Ohne Raum ist alles im Laufe der unendlichen
Zeit; ohne Zeit ist alles
im unendlichen Raum.
    In der Zeit ist die Gegenwart--ohne
Dauer, und nur im zeitlosen
Gedanken zu fassen. Im Raum ist der
Punkt--ohne Ausdehnung, und nur
im raumlosen Gedanken zu fassen; in Zeit und
Raum erscheinende
Koerperlichkeit ist endlos teilbar, also
koerperlos und nur in Gedanken
zu fassen. Urteil von Zeit--nicht Zeit;
Urteil von Raum--nicht
Raum; Urteil von Koerper--nicht Koerper. Das
letzt Denkbare von Zeit,
das letzt Denkbare von Raum, das letzt
Denkbare von Koerper ist Gedanke
im Ich. Das letztdenkbare Urteil der Welt ist
Ich-urteil.

Al Raschid- Das hohe Ziel der Erkenntnis.txt

Im Ich ist Bindung und Loesung dieser Welt.

Ich, erscheinend, ist Zeit in Raum, ist Empfindung in Bewegung,
Willen in Kraft, Ursache in Wirkung, Freiheit in Notwendigkeit,
Selbigkeit in Ursaechlichkeit, Seele in Leib, Wahrheit in Taeuschung,
Wesen in Schein.--Denkt die Welt, so denkt sie: Ich.

Zeiteinbildung, Raumvorstellung, Koerperwahrnehmung--die Welt--
entspringt und endet im Ich. Ich-gegenwart ist Zeitewigkeit, ist
Raumunendlichkeit, ist Koerper und Wirklichkeit.

Zeit-raeumliches Ich aus raum-zeitloser Seele.

Davon ist gesagt: >>das Weltall hat nur in mir Bestand.<<

*

Ich ist ur-Teil im entzweienden Ursprung der Welt. Ich ur-Teil,
vom All abgesondert--un-zu-langend--ver-langt zum All zurueck;
darum ist Ich Verlangen. Ich ist ungestilltes Verlangen; Ich ist
unstillbares Verlangen; Ich ist nur durch Verlangen. Ich, sich selbst
wollend, muss Alles zu sich wollen, so lange Ich--Ich ist.

Ich ist worin Ich erwacht. Ich ist was sich im Ich bewusst wird,
was Ich sich einbildet, was sich im Ich bildet, was Leben im Ich
gewinnt nennt sich Ich. Ich-inhalt erachtet sich fuer "Ich".

Ich ragt ueber sich hinaus: Ich ist was Ich wollend umfasst, was Ich
nicht wollend umfasst, was Ich wollend nicht

Al Raschid- Das hohe Ziel der Erkenntnis.txt
umfasst; Ich ist soweit
Ich-auffassung reicht. Kein Ich, wenn nichts
umfassend; kein Ich, wenn
allumfassend.

   Ich entspringt, Ich endet im Verlangen;
Ich wechselt in sich mit
seinem Verlangen; Ich wechselt in sich mit
wechselndem Gegenstand; mit
anderem nicht-Ich ist anderes Ich.

   Ich besteht ohne eigenen Bestand--ewig
neu geborene Gegenwart,
ewig erneute, ewig vernichtete
Selbstherrlichkeit; das ewig
Vergaengliche aus dem ewig Unvergaenglichen.

   Der Glaube, als habe das Ich ein Sein in
sich, schafft Ich, erhaelt
Ich, endet mit Ich--ein Nichts, das Alles
ist. Ich ist Teil, so
lange es sich Teil glaubt. Gibt Ich sich auf,
so ist Ich alles.

*

   Ist Einbildung Ich, so ist Vorstellung
nicht-Ich. Alles Ich baut
sich auf am nicht-Ich; am
nicht-Ich-gegen-stand findet Ich seinen
Rueck-halt; durch Wider-stand gegen alles
nicht-Ich ist das Ich.

   Ich lebt nur durch Gegensatz--durch
Gegensatz zu sich: Raum,
durch Gegensatz in sich: Zeit. Verlangend
einigt Ich allen raeumlichen,
allen zeitlichen Gegensatz in sich.

   Ich, alles nicht-Ich zu sich anziehend,
stoesst alles nicht-Ich von
sich ab. Verlangend schwankt Ich von s-Ich zu
nicht-Ich, von nicht-Ich
zu s-Ich zurueck. Ich verlangen spiegelt sich
im nicht-Ich; nicht-Ich
wirft das Ich verlangen zurueck. In dem Masse
wie Ich verlangt,

Al Raschid- Das hohe Ziel der Erkenntnis.txt
widersteht das nicht-Ich dem Verlangen; in
dem Masse wie Ich zu sich
verlangt, wird Ich vom nicht-Ich
verlangt--Ergreifend, ist Ich
ergriffen.
   Also ist zwischen Ich und Ich Anziehung
im Verlangen; also ist
zwischen Ich und Ich Abstossung im Verlangen;
also ist Verlangen
Anziehung und Abstossung zugleich; also haelt
Verlangen Ich und Ich
auseinander; also ist Verlangen nach
Vereinigung zu sich Hindernis der
Einigung--das Verbindende ist das Trennende.
   Ich will das All zu sich, enwill sich zum
All--
weltschoepferischer Irrtum.

*

   Ich uebertraegt sich ins nicht-Ich.
   Verlangend tritt Ich aus sich hinaus,
langt ausser sich, ist nicht
mehr bei sich, ist ausser sich, ist in seinem
Gegenstand--Ich im
nicht-Ich.
   Ich weiss nur von sich; Ich empfindet
immer nur sich selbst; s-Ich
einbildend stellt Ich s-Ich vor; vorstellend
fasst Ich sich selbst
gegen-staendlich auf. Wie Ich sich im
gegen-Stand empfindet, so
empfindet Ich den Gegenstand. Gegenstand dem
Ich ist Ich im
gegen-Stand. Soweit Ich den Gegenstand
empfindet, soweit ist
Zerklueftung im Ursprung ueberwunden, soweit
ist das Empfindende und das
Empfundene Eines. Die Empfindung ist das
Empfundene.
   Ich-zu-stand im Gegen-stand nennt sich
selbst mit anderen Namen.

Al Raschid- Das hohe Ziel der Erkenntnis.txt
Ich verkennt sich im du--wie ein Hund sein
eigenes Bild im Spiegel
anknurrt. Eines ist Zustand und Gegenstand.
Eines ist Ich und du--
Einheit in sich, in dir unterscheidende
Namen.

   Im Verlangen liegt Ich und nicht-Ich; im
Verlangen faellt Ich und
nicht-Ich aus-einander. Was Ich verlangend
nicht will, will nicht Ich,
will ein nicht-Ich--"ich will nicht" das
heisst: "du willst".

   Ich und Ich--zerfallene Einheit,
geschaffen und auseinander
gehalten durch blindes Verlangen.

   Davon ist gesagt: "ich bin du".

*

   Alles was ausser Ich ist, ist aus Ich.
Alles nicht-Ich beginnt und
endet im Herzen des Ich. Wie im Willen
Unwillen liegt, so liegt im Ich
das nicht-Ich.

   Ich will durch Willen und Unwillen;
Willen wie Unwillen ist
Ich-verlangen. Willen wie Unwillen hat
dasselbe Ziel. Ich-loser Wille
undenkbar; ziel-loser Wille, Wille ohne
Gegen-stand des Wollens
undenkbar.

   Ich will durch Bejahung und Verneinung:
sogenannte Verneinung des
Willens ist Bejahung geaenderten Willens--das
Eine Verlangen bei
gewechseltem Ziel.

   In sich verneinen heisst ausser sich
bejahen; in sich vernichten
heisst aus sich hinaus schaffen; aus sich
hinaus schaffen heisst ausser
sich schaffen. Unwillig aus dir Entlassenes
weicht aus dem Bereich

Al Raschid- Das hohe Ziel der Erkenntnis.txt
deiner Seele, faellt in den Bannkreis deiner
Sinne, tritt, selbstaendig
geworden--ein eigenes Ich--dir sinnlich
gegenueber.
     Abstossung im Ich ist das Abgestossene,
ist aus eigenem Zustand
geschaffener Gegen-stand. Das Angezogene ist
im Ich Anziehung; das
Angezogene ist Gegenstand im Zustand Ich:
     --Verlangen im Ich ist das nicht-Ich--
     Verlangen vom Ich ausgesprochen, vom
nicht-Ich, dem Widerschein
des Ich, 'wieder' ausgesprochen, das ist
'wider'sprochen, sieht sich
selbst gegenueber, tritt sich selbst
entgegen, ist sich selbst
Gegenstand des Verlangens.
     Die Welt sich selbst wollend--darum ist
Welt.

*

     Das Aussereinander von Ich und Welt ist
Erscheinung; das
Durchschauen des Scheines ist
Erloesung.--Verlangen im Ich ist das
nicht-Ich; Verlangen im Ich ist die sich
schaffende Welt; alles
Geschaffene erkennt sich im erkennenden Ich.
     Kein Ich ohne Welt; das Verlangen in dir
schafft die Welt, darum
ist die Welt dein Verlangen; darum verlangt
dich nach der Welt. Die
Welt wird und wirkt wie du, verlangend, die
Welt wirkst. Die Welt ist,
so lange du an dich und deine Welt
glaubst--mit dir entsteht, mit
dir vergeht deine Welt.
     Keine Welt ohne Ich--: Ich geht in der
Welt auf, die Welt geht
im Ich auf; darum loesen sich vom Ich aus
alle Fragen dieser Welt--:

Al Raschid- Das hohe Ziel der Erkenntnis.txt
endlos wechselnde Namen endlos wechselnden
Verlangens in dir--
Widerschein deiner selbst--Und die ganze Welt
erlangend, erlangst du
dich selbst--nichts mehr.
    Verlangen ist Gedanke in dir; denken
heisst urteilen, urteilen
heisst zeugen. Dein Gedanke ist Dasein, dein
Glaube ist Schoepfung,
deine UEberzeugung ist Zeugung. Eines ist der
Schaffende mit dem
Geschaffenen, Eines ist Ich und Welt.
    Davon ist gesagt: "der, fuerwahr, baut
aus sich diese ganze Welt--
und ist ihre Vernichtung, der solches weiss."
    Du schaffst die Welt, die Welt schafft
dich--schafft sich in
dir. Die Welt sich selbst schaffend, sich
selbst schauend, sich selbst
verlangend, sich selbst vernichtend.

*

    Vielfach ist in Suchenden der Gedanke
aufgestiegen, in Erkenntnis
suchenden Weisen mancher Voelker alter und
neuer Zeiten; ausgesprochen
hat die Lehre von den Gegensaetzen
Bhagavad-gita-upanishad mit
deutlichen Worten, aber unverstanden von der
Menschheit blieb die
Erkenntnis, unerkannt in ihren Tiefen:
    "Alle Geschoepfe dieser Welt lassen sich
vom Trugbild der
Gegensaetze betoeren, die sie, liebend oder
hassend, sich selber
schaffen."

*

    Uraltes Wissen, o Teurer, verkuendige ich
dir wieder, Loesung nie

Al Raschid- Das hohe Ziel der Erkenntnis.txt
geloester Raetsel, Loesung des
Weltwiderspruchs; der Erkenntnis Urgrund,
die Lehre vom Gegensinn in der
Erscheinung--dvamdva-vidya--die
Lehre von der sich selbst aufhebenden Welt.

*

   Also ist die Unterweisung:
   Weltursprung--durch Ur-sprung:
Ent-zweiung in ur-Teil und
gegen-Teil, Ich und nicht-Ich.
   Weil durch Ur-sprung Kluft ist, darum
steht alles dieser Welt
ein-ander unerkannt gegen-ueber, darum ist
alles dieser Welt durch
Gegen-sinn, darum sieht alles dieser Welt
einander als Gegen-stand,
darum ist Widerspruch in der Erscheinung
endlos, darum ist ewiger
Kampf
   Davon ist gesagt: "Zweiheitlich ward
All-Einheit, Wahrheit und
Taeuschung an sich zu erleben."
   "Ich weiss warum die Welt ist: Gott
wollte leiden".

*

   Gegenteile schaffen sich aus-ein-ander,
Gegenteile heben einander
auf; Gegenteile scheinen endlos weit von
einander, Gegenteile beruehren
einander; Gegenteile fallen, auseinander
tretend, in einander; wie Ost
und West auseinandertretend im Ruecken der
Erde ineinanderfallen, wie
West im Osten, wie Ost im Westen wiederkehrt;
wie Ost zu Ende gedacht
zu West wird und West zu Ost; wie aller
Gedanke zu Ende gedacht, durch
seinen Gegensinn hindurch in sich selbst

Al Raschid- Das hohe Ziel der Erkenntnis.txt
zurueckkehrt--der geraden,
nach durch messenem All in sich
zurueckkehrenden Linie vergleichbar.
    Wie farbloses Licht in Gegenfarben
zerfaellt, wie Gegenfarben,
vereint, einander zu Farblosigkeit ergaenzen,
so ergaenzen aus-ein-ander
gefallene Gegenteile, vereint, einander zu
nichts.
    Aller Gegensatz ist den Gegensaetzen an
einer Kugel vergleichbar;
Vergleichbar den Gegensaetzen eines im Kreise
schwingenden Pendels.
    Aller Gegensatz dieser Welt erscheint
durch wechselndes Urteil
sinnlicher Wahrnehmung--blosse Auffassung im
Ich.
    Maechtig bewegte Sterne stehen deinen
Sinnen still; still stehende
Sterne siehst du mit dem Himmelsgewoelbe
maechtig ueber dir bewegt.--
Savitar hebt sich aus dem Meere: du schaust
Sonnenaufgang; was dir
Sonnenaufgang ist, ist Anderen
Sonnenuntergang; was dir oder Anderen
Sonnenaufgang oder Sonnenuntergang, ist weder
Aufgang noch Untergang
--Savitar strahlt ewigen Tag. Indessen du die
Sonne steigen siehst,
sehen andere dieselbe Sonne fallen; es vermag
die Sonne nicht zu
steigen ohne zu fallen, vermag nicht zu
fallen ohne zu steigen, steigt
und faellt zu gleicher Zeit--steigt weder
noch faellt.--Innere Erden
scheinen im rechten Laufe umzukehren;
Wandelsterne und Monde, Sonnen
und Erden, nach ueberstiegenem Hoehepunkt,
werden ruecklaeufig. Kein
Gegensatz im rechten Laufe, keine Umkehr,
kein Ruecklauf--irriges
Urteil vom wechselnden Standort des irrig

Al Raschid- Das hohe Ziel der Erkenntnis.txt
schauenden Ich.
    Ich, zeitraeumlich atmend, wechselt
Standort, Ansicht, Urteil.
Durch Ich-urteil-wechsel ist Gegensatz.
Ur-teilend schafft Ich in sich
zeitlichen Gegensatz--ausser sich raeumlichen
Gegensatz.
    Wechselndes Urteil im Ich zeugt fuer
Gegensinn im Einheitlichen--
zeugt fuer Einheit im Gegensatz.
    Aller Gegensatz geht auf--wird und
vergeht--im Ich; Ich
schafft, Ich vernichtet allen Gegensatz. Nur
in einem 'Ich' ist
Willenswechsel, nur in einem 'Ich' ist
Urteilsgegensatz; mit
aufgehobenem 'Ich' ist aller Gegensatz
aufgehoben.
    Scheinen Gegensaetze, so ist Einheit. Ist
das Eine Gegensatz des
Anderen, so ist das Eine gleich dem
Anderen--so ist weder das Eine
noch das Andere.

*

    Raum-anstoss ist Zeitfolge:
    Wechselt Ich aus sich hinaus, so
empfindet Ich durch nicht-Ich
raeumliche Wider-stand-wirkung, das ist--:
wirklicher Gegensatz.
Durch Widerstand Empfindung wechselt Ich in
sich zeitlich eigene
Empfindung, das ist--: eigentlicher
Gegensatz.--Ur sache aus mir
--Wirkung auf mich: Ich-m-Ich; wirklich
raeumlicher--eigentlich
zeitlicher Gegensatz.--:
Beid-einheit.--Raumanstoss ist Zeitfolge.
    Durch Zerfall im Ur-sprung: Urgegensinn;
das ist sinnlich-
seelische Auffassung in Ich und Ich.

Al Raschid- Das hohe Ziel der Erkenntnis.txt
    Eines ist innen und aussen, Eines Ursache
und Wirkung, Eines Zeit
und Raum, Eines eigentlich und wirklich,
Eines Bewegung und
Empfindung, Eines Seele und Leib, Eines Ich
und nicht-Ich--: durch
Ich-ur-Teil, das ist durch Ich-Urteil
sinnlich geschaffene
Teilungserscheinung--Ur-sprung im Ich.
    Dvamdva--: aus Einheit Ich gezeugte
gegen-Teile, Gegensinn und
Gegenstand, Gedanken und Dinge gegenseitig
gezeugt, gegenseitig
gepaart; Haelften, die getrennt, einander zu
nichts aufheben; die
vereint, einander zu nichts ergaenzen;
Eigenschaffungen, die durch
Spaltung sind und nicht sind--getrennt und
vereint nicht sind.
    Daraus ist: Gegensinn im einheitlichen
Wort, daraus ist: Einheit
gegensaetzlicher Worte. Nimmerrastender
Widerschein des spaltenden
Ursprungs, nichtige Schoepfung im
Ich--Trugbild des Seins.

*

    Sinnlich geschaut:
    Durch Ursprung Raum, durch Raum Zeit; im
Ursprung inzwischen
entzweiten Teilen die sich schaffende Welt;
die Welt in der Kluft
inzwischen Ich und nicht Ich. Alle
Wirklichkeit dieser Welt rastlos
wechselnde Beziehung inzwischen Ich-zustand
in sich--Ich-zustand im
Gegen-Stand. Endloser Kreislauf der
Erscheinung von Gegensinn zu
Gegenstand, von Ich zu nicht-Ich, von
nicht-Ich zu Ich zurueck.--
Gegensinn in s-Ich die werdende, Gegenstand

Al Raschid- Das hohe Ziel der Erkenntnis.txt
zu s-Ich die gewordene
Welt.

Alles zeitraeumliche Aussereinander ist
im Ich, alle Unterscheidung,
aller Gegensatz, alle Worte, alle
Vielheit--im Ich ist Ur-sprung
und Unendlichkeit dieser Welt.

Eines ist was du, durch ur-teilenden
Willensgegensatz in dir, zu
Gegensaetzen ausser dir praegst; Eines ist
was du, ur-teilend, entzweit
schaust--: willkuerliche, an sich nichtige
Unterscheidung, endlose
Gestaltung deines in Einhauch und Aushauch
atmenden Verlangens--
deine eigene Schoepfung--du selbst.

Davon sagt des Heilweges Buch des Lehrers
Lao: "Diese Einheit der
Gegensaetze bezeichne ich als den Urgrund,
die grosse Tiefe und das der
Erkenntnis geoeffnete Tor."

*

Und noch einmal:
Durch Ur-sprung-erscheinung scheint
Entzweiung. Jedes der beiden
Teile lebt das Leben des
anderen--gleichwertige Bruchstuecke. Durch
Kluft geblendet verkennt sich eines im
anderen--Suendenfall.

Dem also gewordenen Zwiespalt folgt alle
Erscheinung: aller
Gedanke, alles Urteil, alles Wort--Wille und
Tat gegen sich selbst
gerichtet. Alles Urteil Widerspruch in
sich;--Sinn und Widersinn
in-ein-ander. Alle Unterscheidung in Wort und
Urteil bedeutungslos--
in sich selbst aufgehoben--blosse
Lautver-schiedenheit.

Nur Eines ist--alles Erscheinende ist

Al Raschid- Das hohe Ziel der Erkenntnis.txt
irrendes Verlangen im Ich
zum Ziel, nichts mehr.

*

    Wahn-sinn das Wesen der Welt in Worte
fassen zu wollen. Seele,
Kraft, Geist, Stoff,
Gedanke--Gottheit--gleichviel mit welchen
Lauten du das benennst, was dich lebt.
    Erscheinung dieser Welt schafft sich,
durchschaut sich, hebt sich
auf.
    Was sich also erscheinend schafft, ist
nicht Wahrheit--ist nicht
Taeuschung--ist ewig vergaengliches Sinn-bild
des Ewigen.

*

    So lautet die Lehre von der sich selbst
als nichtig aufweisenden
Erscheinungswelt--der Erkenntnis Hoehe und
Tiefe, der Erkenntnis
eherner Kern und Anker.
    Und was du, o Teurer, durch solche
Erkenntnis verlierst ist ein
Nichts; und was du durch solche Erkenntnis
gewinnst ist Alles.
    So lange dir der tiefen Lehre volles
Verstaendnis nicht aufgegangen
ist, o Teurer! so lange wisse dich fern vom
Hohenziele der Erkenntnis.

*

    Die ganze Sinnenwelt waechst, sich
verklaerend, zu Gottheit. Alles
Samsara ist Verlangen nach Nirvana. Je nach
dem Ziele deines eigenen
Verlangens, nach Samsara oder nach Nirvana
erscheint dir das Geschehen

Seite 145

Al Raschid- Das hohe Ziel der Erkenntnis.txt
dieser Welt Vorgang oder Rueckschritt,
ziellos oder zielbewusst, blinder
Zufall oder unabwendbare Bestimmung. Weder
das Eine noch das Andere--
in sich freie, durch Gegensinn in der
Erscheinung gebrochene Kraft in
dir--dein schaffendes Verlangen.

Das Ziel der Welt bist du selbst, o
Teurer! In dir, mit jedem
Atemzug wechselnd, alle Stufen der
Weltenschoepfung--
Weltenvernichtung; von Samsara zu Nirvana,
von Nirvana zu Samsara
rastlos gegeneinander schwankend.

Samsara heisst sich in irdischer
Anschauung verlieren. Nirvana
heisst sich wiederfinden. Irdisches Verlangen
rueckt Nirvana in
zeit-raeumliche Fernen--Nirvana ist--wenn
dich nicht mehr
nach Nirvana verlangt.

Ewigkeit des Ursprungs im Ich, Ewigkeit
der Weltenschoepfung und
Weltenvernichtung. Ich, besinnungslos
Seeligkeit ausser sich suchend,
jagt nach selbstgeschaffenen
Trugbildern--Sinnenkampf zu Samsara;
Ich, sich auf sich selbst besinnend, wendet
sich von irdischen
Trugbildern ab--Seelenkampf zu Nirvana.

Verlangend schafft Ich Samsara, Verlangen
verklaerend schafft Ich
Nirvana; Samsara und Nirvana schafft sich im
verlangenden Ich. Blinder
Kreislauf des Verlangens, Kreislauf der
Wiedergeburt.--Samsara ist
Verlangen; mit schweigendem Verlangen ist
Nirvana.

Wie ein Kind im nichtigen Spiele zum
Manne waechst, so wachsen wir
Menschen in Samsara zu Nirvana. Samsara haelt
uns das blendende Schild

Al Raschid- Das hohe Ziel der Erkenntnis.txt
vor--glaeubig hasten wir danach--und erwachen
in Nirvana.
   Die grosse Taeuschung, o Teurer, die
ewige Torheit--Samsara--der
weite Irrweg zu Nirvana!--Du folgst dem
ewigen Kreislauf erkennend
oder blind; du nahst dem ewigen Ziele
unwillig-willig--aus Gottheit
zu Gott und Gottheit--unser aller Ziel.
   Samsara ein Alles, das nichts ist;
Nirvana ein Nichts, das alles
ist--unendlich das eine, ewig das Andere--dem
Erkennenden Einheit.

*

   Solches lehren seit Jahrtausenden unsere
Brueder, Hohemeister in
Tibet, Sser-od in Ka'gdschur:
   "Wisse o Sohn der Erhabenen! um dem nach
hoechstem Ziele strebenden
Bodhisattva alle Schranken und Hindernisse
aus dem Wege zu raeumen,
lehren Wissende die unwandelbare Wahrheit vom
ungetrennten Samsara und
Nirvana." "Wisse, dass die Buddha Samsara und
Nirvana auf das Klarste
als unverschieden erkannt haben."

*   *   *

   Keine Wahrheit im vielheitlichen Samsara:
Vielheit muss sich selbst
widersprechen; zerfallene Einheit hebt sich
selbst auf Samsara zeugt
blinde Kinder. Erscheinung wie Worte wandeln
sinnlos von Sinn zu
Gegensinn. Nur dem selbstisch verlangenden,
dem einseitig wertenden
Ich scheint Sinn in Samsara--wie dem
Traeumenden Sinn im sinnlosen
Traume scheint. Alle Wahrnehmung in Samsara,

Al Raschid- Das hohe Ziel der Erkenntnis.txt
alle Empfindung, und alle
Deutung von Wahrnehmung und
Empfindung--bedeutungslos. Lust wie
Qual, Bewunderung wie Abscheu und alle Worte
aller Welten--
bedeutungslos, sinnlos, weil sinnlich.

*

   Ich, im Gefuehl seiner Unzulaenglichkeit,
verlangt nach Ergaenzung
ausser sich. Zeitlich wechselnde Empfindung
im Verlangen, vom Ich
ausgelegt, gewinnt sinnliche Gestalt im Raum.
Mit Wechsel seelischer
Empfindung wird Wechsel sinnlicher
Anschauung. Im Ich zeitlich
Geschiedenes erscheint, raeumlich
vorgestellt, als Verschiedenheit--
erscheint und ist. Nach ein-ander wird
neben-ein-ander; in-ein-ander
wird ausser-ein-ander. Seelisch empfunden:
Gegen-sinn, zeitlich endlos
wechselnd; sinnlich angeschaut: Gegen-stand,
raeumlich endlos
vervielfacht. Folge in der Zeit ist Vielheit
im Raum. Beid-einheit dem
Wissenden.
   Endloses Verlangen in dir erscheint als
endloses Werden--
Gedanken zu Worten, Worte zu Dingen
verkoerpert.
   Die verlangende Welt denkt durch zahllose
Worte Einen Gedanken.
Alle Gedanken und alle Worte dieser Welt
sagen nur Eines; alle Worte
aller Sprachen aller Welten--endlos
wechselnder Ausdruck endlosen
Verlangens nach Alleinheit. Aus wechselnder
Empfindung, wechselndem
Urteil, wechselnden Worten schafft sich die
Vielheit dieser Welt--die

Al Raschid- Das hohe Ziel der Erkenntnis.txt
vielheitliche Welt aus dem schaffenden Wort.
    Davon sagt Tschhandogya-Upanishad: "an
Worten haftend ist alle
Umwandlung der Erscheinung."

*

    Aufleuchten moege in dir, o Teurer, voll
die Einheitserkenntnis!
Der Welten ewiger Ursprung hat nur Ein Ziel;
dein rastlos wechselndes
Irren nach dem Einen Ziele benennst du mit
wechselnden Namen. Dein
Wort benennt, dein Wort wertet, dein Wort
schafft die Dinge--ein
Zweites, glaubst du, sei es, wenn du es
anders benennst--Aus
Vielheit wertender Worte des wechselnden
Urteils in dir schafft sich
die Vielheit der Dinge. Endlose Sinnbilder
des Einen Gedankens deuten
wir sehend Blinden als endlose Vielheit
verschiedener Dinge. Erfass
erbarmend wohl die tiefe Blindheit der
Menschen!--Blindheit der
Fuehrenden und Gefuehrten, Blindheit der
Weisesten aller Voelker und
aller Zeiten--uns Armseligen der Weg zu
Erkenntnis--Befangenen
unnahbar--Suchenden die offene
Schranke--lichte Einsicht dem
Erwachenden.
    Nur Eines ist im Kreislauf der
Erscheinung: Ver-langen!
schlaftrunken suchendes Verlangen nachdem
letzten Ziele.--Erwachen
fuehrt aus Verlangen und Tat, aus Gedanken
und Worten zu willenloser,
zu wortloser Wahrheit.
    --Wer also sieht, der ist sehend.--
    Davon sagt Taittitiya-Upanishad:
"Erkenntniswonne wird von keiner

Sprache erreicht; vor der Wonne der
Erkenntnis kehren alle Worte um,
und alle Gedanken."--Ananda.

*

    Unsere Brueder, Hohepriester in Tuebet,
lehren seit Jahrtausenden:
    "Es ist, o Rabdschor, alles Erfassen in
der Ichheit ein
Nichterfassen. Wissende, o Rabdschor, gehen
nicht in die Einbildung:
'Ich' ein.
    "Wenn ein Wissender also denkt: Wesen ist
ohne Ich--Ichlos ist
Wesen, solchen nennt De-schin-scheg-pa, der
Feindbesieger und heilig
vollendete Buddha einen erwacht Erkennenden.
    "O Rabdschor! Wenn du denken solltest,
dass die in wahrhafte
Reinheit Eingegangenen jegliches Sein voellig
zerstoert und demselben
ein Ende gemacht haben, so gib, o Rabdschor,
solcher Meinung nicht
Raum... Es sind dies nur Worte--das Wesen
selbst ist unausdenkbar
und wird von Unmuendigen nicht erkannt.
    "Das Wesen, o Rabdschor, ist in sich--und
ist weder
Verschiedenheit noch auch Gleichheit in ihm,
weder Sein noch
Nichtsein, und volle Erkenntnis hievon wird
das allerhoechste wahrhaft
rein vollendete Erwachen genannt.
    "Der Name dieses Lehrbegriffs lautet:
"der an das jenseitige Ufer
der Erkenntnis Gelangte." Dieser Lehrbegriff,
o Rabdschor! ist
unergruendlich und seine voll gereiften
Fruechte stelle dir als
unergruendlich vor."

  Aus Nebelgluten sondern sich Schlacken,
ballen sich, erkaltend, zu
Sonnen und Erden; aus lebender Flut starre
Gebilde, aus Gottheit--
  -- Ich --
--ur-sprung-er-schein-ung-ur-teil-gegen-teil-
ver-langen--
ein unabsehbarer Strom, der das All
durchmessend, in seiner eigenen
Quelle muendet--: Samsara!

*

  Uns schauend Blinden--Nichts. Da
geschieht im All Einen das
Unergruendbare: Absonderung 'Ich'.
Absonderung haelt sich zurueck--der
Strom ueberflutet; Absonderung draengt
vor--der Strom hemmt;
Empfindung und Empfundenes--Wirkung aus dir
und Wirkung auf dich.--
Das Eine, Einheitliche, Ungeteilte,
Unteilbare--: als sei zwiefach
Sein. Es scheint als seist du--es scheint als
sei ausser dir, es
scheint, erscheint, und ist wirklich: Ich und
Sinnenwelt, ja und nein,
Lust und Leid, und alle Worte.
  Aus dem seelisch Einen das sinnlich
Zerklueftete: die im
Ich-bewusstsein erwachte Welt. Aus dem Ewigen
das ewig Vergaengliche--
  Vergaengliche Welten zeugen wider sich
selbst:
  Absonderung "Ich" aus Gottheit ist
Suendenfall.
Ur-sprung--atmende Kluft, die trennend
verbindet--Anziehung und
Abstossung, Entzweiug und Zu-eins-paarung,
Werden-Verwerden zugleich

Al Raschid- Das hohe Ziel der Erkenntnis.txt
--Spiel in sich selbst--unsere Welt--
   --eine Welt durch ewig erneuten Ursprung
in sich; eine Welt in
ewiger Selbstentzweiung, in ewigem Kampfe
gegen sich selbst, in ewiger
Blindheit sich selbst gebaerend, sich selbst
vernichtend--die im Wahn
gewordene, im Wahnsinn verharrende Welt.
   Unabsehbar grauenerfuellte Wahlstatt nie
gestillten Verlangens,
nimmer endender Tat--Ringen um verlorenes
Paradies, Ringen um
Erkenntnis, Ringen um Erloesung--Seele wider
Sinne, Gedanke wider
Tat, Himmel wider Hoelle; endloses Ringen von
Lust wider Seeligkeit,
Samsara wider Nirvana, Abgott 'Ich' wider
Gottheit
   --allueberall blind stuermende
Erscheinung, von Sinneswahn zu
Widersinn sinnlos wechselnd; hinfaellige
Gebilde, Scheingestalten,
fluechtige Schatten, im Entstehen dem
Untergang, in der Geburt dem Tode
geweiht--Trugbilder, blosse Namen, blosse
Worte im nichtigen Urteil
Ich--
   --endloser Widersinn ewig erneuter
Entzweiung, ewig neuer
Wiedervereinigung--werdend verwerdende,
seiend nicht seiende Welten.

*   *   *

   Durch blindes Vergaffen ist Sinnenwelt.
   Sinnenwelt schafft sich wie Liebesrausch,
wie aus deinem
inne-Befinden der Traum sich
schafft--sinnvoll--sinnlos. Wie ein
Weib, verlangend angeschaut, zu
sinnberueckendem Reiz wird, so wird
Seele, verlangend angeschaut, zu berueckender

Sinneswelt--: unsere
Welt! wirklich zwar, doch nicht wahrhaft. Und
wie es aus Traum und
Rausch ein Erwachen gibt, so gibt es ein
Erwachen aus verlangenden
Sinnen.

Was du in dir Traum und was du ausser dir
Wirklichkeit nennst, ist
wesenseines--: zu sinnlichen Bildern geworden
er Gedanke.

Wie die Schlange, die dich im Traume
schreckt, nicht wahrhaft
lebt; wie das Schwert, das dich im Traume
trifft, nicht von Eisen ist;
die Geliebte, die dich beglueckt, nicht
Fleisch und Blut--
--wie Lust und Qual, wie Schlange und Weib
im Traum--
--so alle Dinge dieser Welt--wirken und
sind nicht.
Und wie unter deiner Schaedeldecke
Schwert und Weib Raum hat und
alle Gebilde dieser Welt, dazu alles
Geschehen und Werden--
--so ist die ganze Welt in dir und ist
nicht; wirklich zwar, doch
nicht wahrhaft--
und wie die im Traume wahrgenommenen
Gesichte alsbald zu nichts
verflattern, so schwindet im Leben alles
dahin, was du fuer wahrhaft
geworden hieltest; von allen Welten bleibt
Erinnerung, und Erinnerung
verweht--
und wie es im Traume ein leises Besinnen
gibt, so daemmert dir wohl
in lichten Augenblicken die Erkenntnis: ich
traeume diese Welt--
und wie du, aus dem Traume voll
erwachend, Lust und Grauen
abgeschuettelt hast, so erwachst du aus den

Al Raschid- Das hohe Ziel der Erkenntnis.txt
Freudenqualen unseeliger
Erscheinung und schaust wahrhaft--ueberwunden
ist alles Verlangen,
geschlossen der Ursprung--nicht mehr ist
diese Welt.

*

    Befangen haelt uns alle ein tiefer
Traum--ein allfesselnder, ein
allumstrickender Wahn, ein unermessliches
Blendwerk--Maya--unsere
Welt.

    Wie, wenn ein Pilgerzug, in wasserloser
Strecke vom Wege abgeirrt,
dem Tode ins Antlitz schaut und es ersteht
den Duerstenden das
Wuestentrugbild: Zelte und Palaeste unter
wehenden Palmen spiegeln sich
in weiten Wasserflaechen--was verzweifelnd zu
Boden lag, rafft
sich freudig auf und strebt entschlossen dem
verheissenden Ziele zu und
lobpreist bewegten Herzens--vergessen ist
alle Qual!--die
rettenden Goetter.
    Du aber, mit dem Auge des Wissenden
schauend, stehst unbewegt--
und die an dir voruebereilen, nach
vermeintlichem Gluecke jagend, weisen
hoehnend auf dich zurueck: da steht er, der
uns lehren wollte, wohl in
weisen Gedanken versunken! Ihm vor Augen ist
Leben und Lust--und der
Narr gruebelt, statt zuzugreifen.
    Durchschaut ist die blendende
Erscheinung, als Wahn-sinn erkannt
--diese wahr-genommene Welt ist
vergaenglicher Schein.

*

Die Welt ist Erscheinung im Ich--Ich ist Erscheinung in der Welt
--wesenlose Erscheinung--Erscheinung des Wesens dieser Welt;--
Gottheit in der Erscheinung zum Ich gesunken, im Ich zeitlich an Ort
gebannt, im Ich leidende Gottheit--unseelig--selbstvergessen.

*

Samsara ist durch Widersinn, keine Wahrheit in Samsara.
Aus traumlosem Schlafe erwachst du traeumend--traeumend glaubst du
an die ertraeumte Welt und an dich selbst. Du jagst nach Traeumen und
was du erreichst, ist Traum. Erfass es wohl: nichts mehr. Vom Traum zu
Traum enttaeuscht, schaffst du in dir den rettenden Gedanken: diese
Welt ist nicht Wahrheit, diese Welt ist eigengeschaffenes Trugbild.
Was du draussen suchst ist in dir selbst: nach aussen langend erlangst
du raeumlich, was du zeitlich aus dir hinausverlegst; die ganze Welt
erlangend, erlangst du dich selbst.
Im Feuer der Erkenntnis entzuendet sich in dir die Kraft von
solchem Trug zu lassen. Du gehst in dich, du entsagst dem Schein, du
kehrst dich dieser Welt ab, du bekehrst dich zu Gottheit--Gottheit
in dir entringt sich der Erscheinung.
Und wie du aus ureigener Kraft die vergaengliche Welt schufst, so
schaffst du in dir ewige Gottheit--aller Gottesverehrung, aller
Voelker, aller Zeiten, aller Welten ewiges Ziel--der gewaltige

Al Raschid- Das hohe Ziel der Erkenntnis.txt
Unterstrom, das Ungestillte in hoechster
Lust, das Troestende in
tiefstem Leid--: Religion.

*

Nur Eines ist: Gottheit--alles Andere ist
Luege.
Erwache! Blinder Glaube in dir haelt dich
in den Fesseln toerichter
Hoffnung, in ewig erneuter Enttaeuschung;
deine Sinne halten dich in
Leiden und Tod. Erwache aus dem Banne nimmer
gestillten Verlangens,
erwache aus friedloser Tat, erwache aus
Geburt und Tod. Tod ist fuer
Tote.
Im Kerker und an den Karren geschmiedet
schwinge ich mich aus
Ketten und Mauern hinaus--aus Qualen und
Herrlichkeiten dieser Welt
--in zeitlosem Augenblicke durcheile ich, des
Leibes ledig, alle
Raeume und alle Zeiten, schaue alle Welten
und alles Geschen... was von
mir, im Kerker oder im Purpur, verachtet oder
angebetet, im Reiche des
Todes zurueckbleibt--bin ich nicht.
Davon ist gesagt: "und dieser Leib mag
endigen in Asche."
UEberwunden ist der unseelige Irrtum,
gestillt das Verlangen,
gefunden der heilige Weg aus Erdenlust und
Erdenqual, aus Grauen zu
Seeligkeit, aus Tod zu Unsterblichkeit.
Nur Eines ist: Gottheit--alles andere ist
nichtig.
Erkenne dich selbst, besinne dich auf
deine Seele.
Erfasse das grosse Wort, das groesste,
das je eines Menschen Seele
erfasste--erbebe in der Erkenntnis:

Seite 156

Al Raschid- Das hohe Ziel der Erkenntnis.txt
--ich bin Gottheit--
Davon ist gesagt: "brahma bist du und in brahma gehst du auf."
Was in dieser Welt zeitraeumlich auf einander wirkend, als endloses
Werden erscheint, ist deiner traeumenden Lust freudiger Widerschein,--
von Zeugung zu UEberzeugung--deiner Seele blind tastendes Verlangen
--und was in dir lebt, lebt in allen Welten. Und wie dein
Verlangen ist, solche Welt wird dir, in solcher Welt entstehst du,
solche Welt entsteht in dir.

*

Welten ergluehen--Welten erkalten. Wie Pradschapati von eigener
Schoepfung erschoepft ist, so erschoepft sich alle Erscheinung--nicht
zu Vernichtung,--zu Erneuung. Alle Welten fallen in sich zusammen,
voll-enden in Nichts--ein Nichts, das Alles ist.

*

Alle Erscheinung sucht Frieden.
Ebbe folgt auf Flut, Flut folgt auf Ebbe; Flut hier ist Ebbe dort,
Flut dort ist Ebbe hier; Flut und Ebbe zu gleicher Zeit, Flut und Ebbe
am selben Ort.
Die Welten atmen von Nirvana zu Samsara--durch unermessliche
Freudenqualen von Samsara zu Nirvana--von Wesen zu Dasein in allen
Ewigkeiten und Unendlichkeiten.--
Tagen die Sinne, so nachtet die Seele; wacht die Seele, so ruhen
die Sinne. An Staetten ohne Zahl--in endlosen

Al Raschid- Das hohe Ziel der Erkenntnis.txt
Raeumen--zahllose
Stufen ewiger Entfaltung von Seele zu Sinnen,
von Sinnen zu Seele.
    Hier deiner Gegenwart leuchtender
Sinnentag, brennende Mittagsglut
--dort, deinen Sinnen entrueckt, in dunkel
geahnten Gedankenfernen:
Frieden, Seelenreich, Gottheit--
    Einst, in ungezaehlten Tagen, leises
Entschlummern der Erscheinung,
Aufdaemmern der Seele auch hier; Seeligkeit,
Erwachen der Gottheit auch
in dir--und in Weltenfernen versunken alle
Sinnesherrlichkeit.--
    Bin ich, so ist Welt; gebe ich die Welt
auf, so ist Gottheit; ist
Gottheit, so bin ich nicht und keine Welt.
Darum keine Gottheit da ich
bin, keine Gottheit da Welt ist--und kein
Ich, keine Welt in der
Gottheit--Gottheit Welt.
    Weltenzeugung--in sich gebundene
Gottheit--Sinnenherrschaft--
Samsara--Entsagung--Bekehrung--UEberwindung--
Erloesung--
Verklaerung der Welt in Gottheit--der Seele
Seeligkeit--Nirvana.
    Also entstehend vergehend sind diese
ringenden Welten--sind
nicht--das schweigend sprechende All-Eine:
    -- brahma --

*

    So, o Teurer, muehen wir uns, wir in der
Geburt Erblindeten,
vergaengliche Erscheinung zu durchschauen und
der Welt, der ewigen, zu
nahen. Moege uns ein Lehrer beschieden sein,
moege uns ein Fuehrer
erstehen--ein Seher--ein Gott.
    Frieden sei mit dir, o Teurer!

Al Raschid- Das hohe Ziel der Erkenntnis.txt
    Ich habe zu dir vom Endziel des Wissens
gesprochen--gesagt, so
viel zu sagen deinem Verstaendnis angemessen
war--zu irdischem Heil
und zu der Welt Erloesung--stammelnde Worte
suchender Seele. Die
ersten Huegel im Tiefland sind erstiegen, es
lichten sich die Nebel--:
vor dir in schier unabsehbaren Fernen
leuchten die Hoehen von
Himavat. OEffne dein Auge goettlichem
Lichte--du schaust wahrhaft
--und zuschanden geworden ist alle irdische
Weisheit--zerstoben die
allblendende Erscheinung--erloschen der
Weltenschein--ein Traum--
was in dir erwacht ist, ist groesser als alle
welten--erreicht das
Hoheziel der Erkenntnis, erreicht
Vollendung--Vollendung in
Gottheit.

*

    So lautet in aranada-upanishad der
    adhyaya: Erwachen; wortlos das Letzte:
    Nirvana.

*

    So lautet die Upanishad vom Erwachen der
Menschheit aus der
Erscheinung--Huete das Erbe

Al Raschid- Das hohe Ziel der Erkenntnis.txt

Druck und Verlag:

Books on Demand, Norderstedt